PC avanti

DIE EIGENE HOMEPAGE

D1662444

SYBEX

DIE EIGENE HOMEPAGE

PC avanti!

Fast alle Hard- und Software-Bezeichnungen, die in diesem Buch erwähnt werden, sind gleichzeitig auch eingetragene Warenzeichen und sollten als solche betrachtet werden. Der Verlag folgt bei den Produktbezeichnungen im Wesentlichen den Schreibweisen der Hersteller. Einigen Abbildungen in diesem Buch liegen Fotos der Software CorelDRAW! ® zugrunde.

Der Verlag hat alle Sorgfalt walten lassen, um vollständige und akkurate Informationen in diesem Buch bzw. Programm und anderen evtl. beiliegenden Informationsträgern zu publizieren. SYBEX-Verlag GmbH, Düsseldorf, übernimmt weder die Garantie noch die juristische Verantwortung oder irgendeine Haftung für die Nutzung dieser Informationen, für deren Wirtschaftlichkeit oder fehlerfreie Funktion für einen bestimmten Zweck. Ferner kann der Verlag für Schäden, die auf eine Fehlfunktion von Programmen, Schaltplänen o. Ä. zurückzuführen sind, nicht haftbar gemacht werden, auch nicht für die Verletzung von Patent- und anderen Rechten Dritter, die daraus resultiert.

Bearbeitung: A. Gulich
Endkontrolle: Claudia Köther
Umschlaggestaltung: Guido Krüsselsberg, Neuss
Farbreproduktionen: More Colour, Meerbusch
Belichtung, Druck und buchbinderische Verarbeitung: Media-Print GmbH, Paderborn

ISBN 3-8155-4010-0
1. Auflage 2000

HINWEISE

avanti – (it.), vorwärts!, *tirare avanti* – (it.), weiterkommen, sich durchschlagen

Diese Begriffe haben der Reihe den Namen gegeben. »Kurz und bündig« lautet die Devise, damit Sie schnell zum gewünschten Ziel kommen. Denn welcher Anwender kennt das nicht: Im entscheidenden Moment wollen (oder sollen) Sie eine bestimmte Funktion mithilfe des Programms durchführen – und wissen nicht mehr, wie's geht. Der Online-Assistent des Programms (falls vorhanden) hilft auch nicht weiter. Entweder ist die Hilfe so mager, dass Ihnen für alle möglichen Probleme Hilfe angeboten wird – nur nicht für Ihres, oder die Hilfe ist so üppig, dass Sie erst einmal eine halbe Stunde sortieren müssen, bis Sie auf eine konkrete Problemlösung stoßen.

Genau an diesem Punkt setzt **PC avanti** an. **PC avanti** beschränkt sich auf die häufigsten Aufgabenstellungen, die Sie mit einer Software erfüllen müssen, und beschreibt die täglichen Problemfälle, die auftauchen können. Dieses Buch beschränkt sich also auf das Wesentliche. Im Vordergrund steht dabei die schnelle Umsetzung. Dabei helfen konkrete, praktische Arbeitsanleitungen und eine Schritt-für-Schritt-Vorgehensweise. Entscheidend dabei ist auch die klare Gliederung und Strukturierung: In zehn Kapiteln und den entsprechenden Abschnitten finden Sie auf jeder Doppelseite genau eine Fragestellung und deren Lösung.

Es gibt Anwender, die eher visuell orientiert sind, und User, für die eine klare textorientierte Darstellung hilfreicher ist. **PC avanti** kombiniert beide Vorgehensweisen. Auf jeder Doppelseite wird die Problemlösung einmal in Form von Abbildungen und Grafiken gelöst. Dahinter steht der Leitgedanke, dass die Abbildungen im Buch den Gegebenheiten entsprechen, die Sie auch auf Ihrem

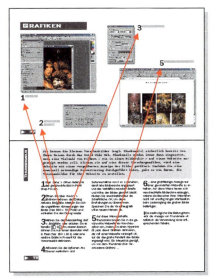

Bildschirm sehen. Natürlich kann es geringfügige Differenzen geben, denn inzwischen lässt sich (Gott sei Dank) die Oberfläche fast jeder Software den eigenen Wünschen und Vorlieben anpassen. Diese Abweichungen aber sind insofern belanglos, als dass sie die Problemlösung nicht beeinträchtigen.

PC avanti soll aber kein Bilderbuch sein. Screenshots, also Bildschirmabbildungen, sind nur dann angebracht, wenn sie wirklich einen aussagekräftigen Gehalt haben. Generell gehört zwar zu jedem Arbeitsschritt, der auf einer Textseite beschrieben wird, eine Abbildung, auf die aber verzichtet wird, wenn die Abbildung keine neuen Inhalte vermitteln würde. Seien Sie also nicht überrascht, wenn auf einer Abbildungsseite die Grafiken nicht von 1 bis 5 oder 6 durchnummeriert werden: Die Abbildungsnummer bezieht sich immer auf die Nummer des auf der gegenüberliegenden Seite beschriebenen Arbeitsschrittes. Die nebenstehende Grafik macht dieses Schema deutlich.

Die Inhalte der einzelnen Kapitel sind weitestgehend voneinander unabhängig. Vor jedem neuen Kapitel zeigt Ihnen eine kurze Inhaltsübersicht, welche Themen in den folgenden Abschnitten behandelt werden, damit Sie gezielt und vor allem schnell für Ihr Problem eine Lösung finden. Bei dieser Vorgehensweise spielt es nur eine untergeordnete Rolle, ob Sie (computertechnisch gesehen) Einsteiger sind oder bereits erste Erfahrungen am PC gesammelt haben. Denken Sie immer daran, dass auch ausgebuffte Computerfreaks und so genannte »alte Hasen« hin und wieder nicht wissen oder einfach vergessen haben, wie ein Problem zu lösen ist. Bei dem Funktionsumfang moderner Software ist dies schließlich auch nicht verwunderlich.

Zum Schluss wünschen wir Ihnen natürlich nicht nur, dass Ihnen dieses Buch eine Hilfestellung für Ihre Computer-Probleme sein möge, sondern auch viel Spaß bei der Lektüre. Und nun: avantissimo ans Werk!

Ihr SYBEX-Verlag

INHALT

ÜBERBLICK

Viele Wege führen nach Rom und so auch zur eigenen Homepage. Homepage – was ist das eigentlich? Wenn Sie sich diese Frage insgeheim stellen, aber nie gewagt haben zu fragen – hier die Antwort: Als Homepage wird die Startseite einer beliebigen Präsentation im weltweiten Datennetz des World Wide Web bezeichnet.

Mit Ihrer persönlichen Homepage und den daran angebundenen Webseiten erhalten Sie eine individuelle Visitenkarte, die weltweit von Millionen von Menschen aufgerufen und begutachtet werden kann. Mittels Ihrer eigenen Homepage präsentieren Sie sich selbst und besitzen die Möglichkeit, Informationen und Inhalte zu publizieren, die für Sie von besonderer Bedeutung sind.

Vor wenigen Jahren noch war das Entwickeln von Webseiten oder einer Homepage eine Angelegenheit, die mit viel Fleiß und Mühe verbunden war. Mittlerweile haben sich die Zeiten geändert und außer etwas Zeit und Geduld ist lediglich der Spaß am experimentellen Gestalten erforderlich, um schnell zu ansprechenden Ergebnissen zu gelangen.

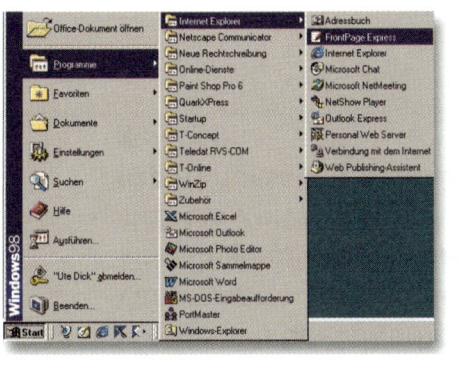

1 FrontPage Express ist hier bereits installiert

2 *Systemsteuerung* anwählen

4 Registerkarte *Windows-Setup* in den Vordergrund holen

5 *Internet-Programme* markieren und *Details* anklicken

6 *Microsoft FrontPage Express* markieren und mit *OK* bestätigen

7 Dialogfeld mit *OK* verlassen

Ein beliebter und einfach zu bedienender WYSIWYG-Editor ist FrontPage Express, der kleine Bruder von Microsoft FrontPage. FrontPage Express erhalten Sie vollkommen kostenlos; aller Wahrscheinlichkeit nach ist dieser Editor bereits auf Ihrem PC installiert. Bei der Installation des Internet Explorers 4.0 oder höher von Windows 98 oder einer aktuellen Version von MS-Office wird dieser kleine Helfer automatisch mit eingerichtet.

1 Um zu prüfen, ob FrontPage Express bereits auf Ihrem Computer installiert ist, klicken Sie auf *Start > Programme > Internet Explorer*.

! Arbeiten Sie mit Windows 98 und finden keinen entsprechenden Eintrag vor, erfahren Sie nachfolgend, wie Sie vorgehen müssen, um FrontPage Express nachträglich auf Ihrem Computer einzurichten.

2 Klicken Sie auf die Schaltfläche *Start*, bewegen Sie den Mauszeiger auf *Einstellungen* und wählen Sie im Untermenü den Eintrag *Systemsteuerung*.

3 Im Dialog der *Systemsteuerung* doppelklicken Sie auf das Symbol *Software*.

4 Legen Sie die Original-Windows 98-CD in Ihr CD-ROM-Laufwerk ein und klicken Sie auf die Registerkarte *Windows Setup*.

5 Markieren Sie in der Auswahlliste den Eintrag *Internet-Programme* und klicken Sie auf die Schaltfläche *Details*.

6 Markieren Sie den Eintrag *Microsoft FrontPage Express* mit einem Häkchen und bestätigen Sie Ihre Wahl mit *OK*.

7 Nachdem Sie den Dialog *Eigenschaften von Software* mit *OK* verlassen haben, wird die Software eingerichtet. Starten Sie das Programm in gewohnter Weise, um damit zu arbeiten.

! Alternativ zu der oben beschriebenen Vorgehensweise können Sie auch im Zeitschriftenhandel nach einem PC-Magazin mit CD-Beilage Ausschau halten, auf der eine neue Version des Microsoft Internet Explorers vorhanden ist – FrontPage Express ist dann automatisch enthalten und wird beim Setup des Internet Explorers mitinstalliert.

ÜBERBLICK

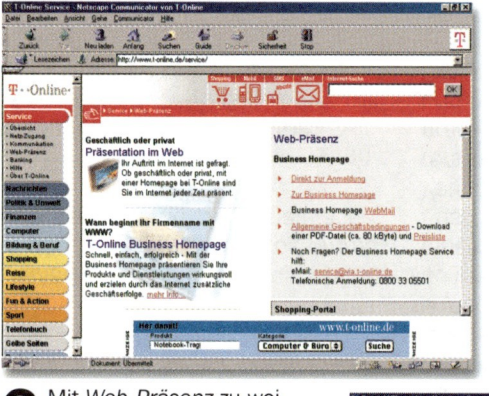

1 T-Online-Adresse eingeben

2 *Service* auswählen

3 Mit *Web-Präsenz* zu weiteren Informationen

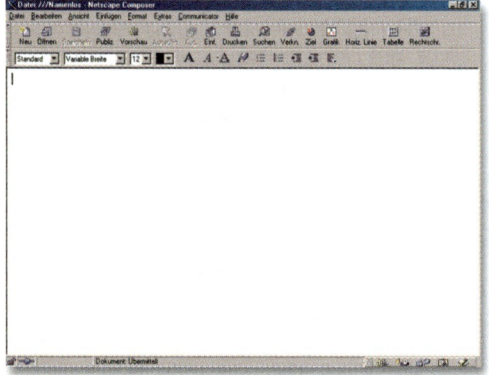

4 Der Netscape Composer

T-Online arbeitet standardmäßig nicht mit dem Microsoft Internet Explorer, sondern mit dem Konkurrenzprodukt von Netscape. Aber auch als Mitglied von T-Online haben Sie die Möglichkeit, sich eine eigene Homepage zusammenzustellen, denn in diesem Fall können Sie den mit der T-Online-Software mitgelieferten Netscape Composer zur Erstellung einer Homepage zu nutzen. Weitere Informationen rund um die private Homepage bei T-Online finden Sie unter http://www.t-online.de.

1 Stellen Sie eine Online-Verbindung her und starten Sie Ihren bevorzugten Web-Browser. Tippen Sie in der Eingabezeile *Adresse* http://www.t-online.de ein und drücken Sie die ⏎-Taste.

2 Auf der Homepage von T-Online klicken Sie in der linken Navigationsleiste auf den Eintrag *Service*.

3 Mit *Web-Präsenz* kommen Sie zu weiteren Informationen rund um die Private Homepage bei T-Online.

4 Den Netscape Composer rufen Sie mit *Start > Programme > Netscape Communicator > Netscape Composer* auf.

! Der Netscape Composer bietet einen Text-Editor, mit dessen Hilfe Sie Ihre Webseite erstellen können. Grundsätzlich ist er durch seine intuitive Benutzerführung leicht zu handhaben, erfordert aber gewisse Grundkenntnisse in der HTML-Sprache. Wenn Sie also absoluter Einsteiger sind, dürfte es hilfreicher sein, einen anderen Editor zur Erstellung der eigenen Homepage zu wählen.

! Auch den Netscape Composer können Sie über das World Wide Web downloaden. Unter der Adresse http://home.netscape.com/download ist nicht nur die letzte Version des Composers zum Download verfügbar, sondern Sie können sich auch die aktuelle Version des Browsers Netscape Navigator sowie zusätzliches Material wie Hilfetexte oder Tutorials herunterladen.

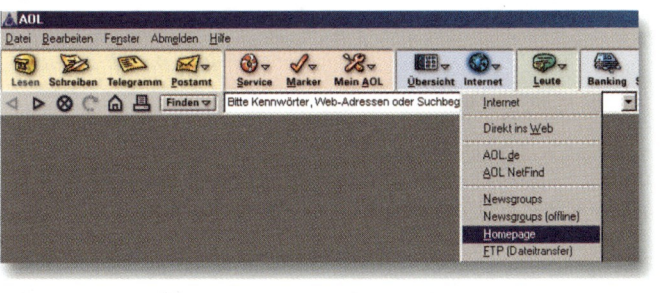

1 Menüpunkt *Homepage* anwählen

2 *AOLpress-Tutorial* markieren

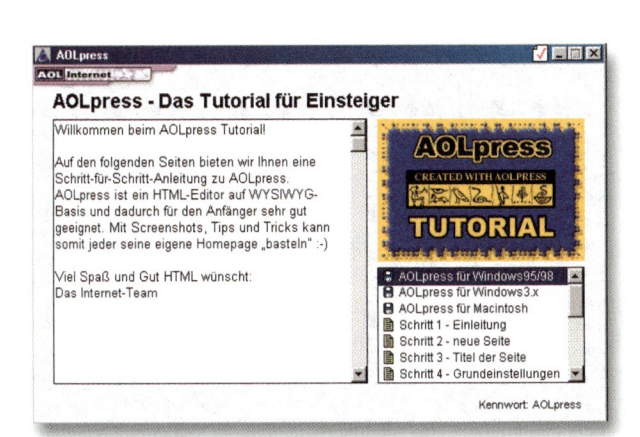

3 *AOLpress für Windows 95/98* installieren

Als Mitglied von AOL besitzen Sie die Möglichkeit, den AOL-Web-Editor zur Erstellung einer Homepage zu nutzen. Haben Sie die entsprechenden WYSIWYG-Editoren noch nicht auf Ihrem Computer installiert, erfahren Sie nachfolgend, wie Sie die Software über Ihre Online-Verbindung herunterladen können.

AOL-Mitglieder können zur Erstellung der eigenen Homepage den WYSIWYG-Editor AOLpress benutzen. Im direkten Vergleich zum Pendant von T-Online besticht der AOL-Editor durch ein hohes Maß an Funktionalität und eine relativ gut strukturierte Benutzeroberfläche. Leider ist das Programm lediglich in einer englischen Version verfügbar, sodass Sie vor dem Herunterladen des Editors (Dateigröße 3,5 MByte!) überlegen sollten, ob Sie ohne Probleme damit zurechtkommen.

1 Aktivieren Sie wie gewohnt eine Online-Verbindung zu AOL. Klicken Sie in der Symbolleiste auf die Schaltfläche *Internet* und wählen Sie den Eintrag *Homepage*.

2 Doppelklicken Sie in der Auswahlliste auf den Eintrag *AOLpress-Tutorial*.

3 Im Dialog *AOLpress* doppelklicken Sie auf den Eintrag *AOLpress für Windows95/98* und folgen den Anweisungen zum Herunterladen und zur Installation.

4 Nach Beendigung der Installation starten Sie den Editor über *Start > Programme > AOLpress > AOLpress*.

! Testen Sie den Web-Editor Ihres Online-Dienstes in aller Ruhe, und wenn Sie gut damit zurechtkommen, bleiben Sie dabei. Wir empfehlen Ihnen allerdings, FrontPage Express zu benutzen, der neben einer deutschsprachigen Benutzeroberfläche über eine hohe Funktionalität und leichte Bedienbarkeit verfügt. Im weiteren Verlauf dieses Buches werden in erster Linie Webseiten gezeigt, die mit diesem Editor erstellt wurden.

ÜBERBLICK

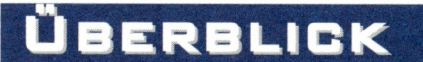

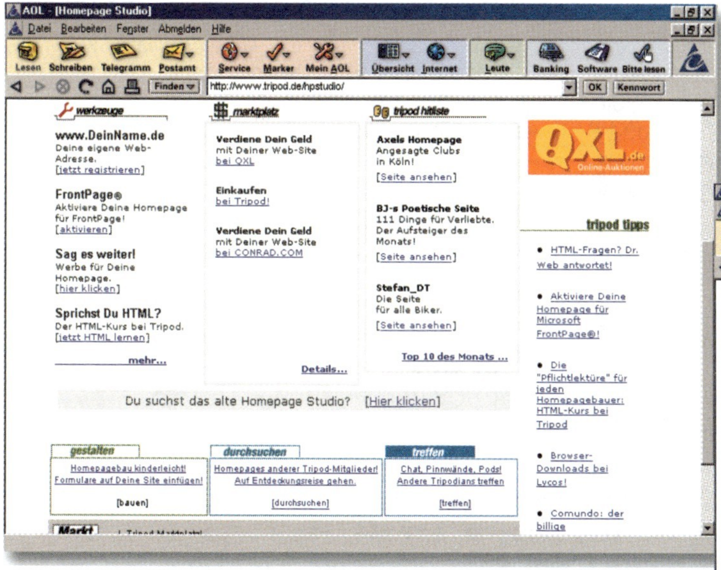

1 Angebot von Tripod

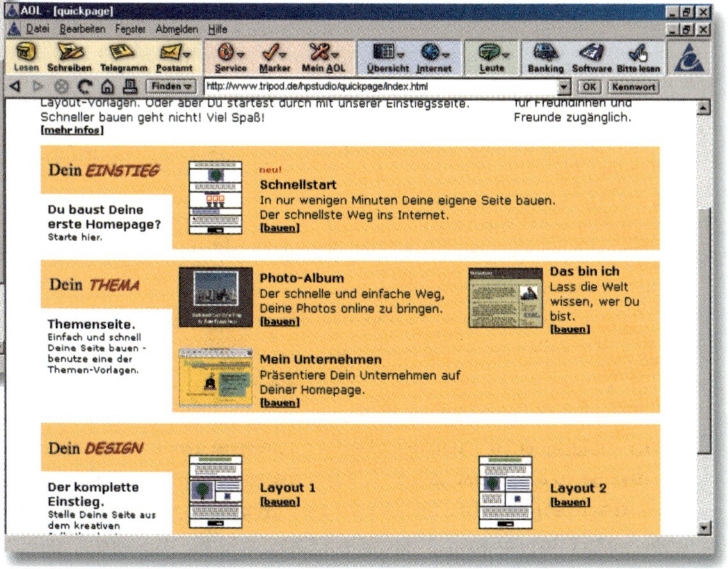

2 Homepagebau kinderleicht

Auch andere Anbieter und Internet-Provider bieten Ihnen die Möglichkeit, auf leichte Weise eine erste Homepage zu gestalten. Zu diesem Zweck brauchen Sie keinerlei zusätzliche Software, sondern können Ihre Webseiten direkt online mit Hilfe Ihres Web-Browsers gestalten. Sie müssen lediglich die entsprechenden Webseiten des jeweiligen Anbieters besuchen und können dort mit wenigen Maus-klicks die Elemente für Ihre Homepage zusammenstellen – der benötigte HTML-Code wird automatisch generiert.

! Neben vielen anderen Anbietern sollten Sie bei Interesse das Angebot der Strato AG unter http://www.strato.de und das kostenlose (!) Angebot von Tripod unter http://www.tripod.de in Augenschein nehmen. Der Vorteil solcher Dienstangebote besteht darin, dass sie mitunter unabhängig von einem Online-Zugang zu erhalten sind und keine oder lediglich geringe Kosten verursachen.

1 Bei dieser Art von Dienstangeboten bekommen Sie vielfältige Hilfe bei der Gestaltung und Veröffentlichung Ihrer Homepage.

Neben Tools und Hilfsmittel zum Erstellen einer Homepage werden meist noch mehr Dienstleistungen angeboten: So können Sie beispielsweise überprüfen, ob bereits eine WWW-Adresse mit Ihrem Namen (www.ihrname.de) existiert. Interessant ist natürlich auch der Service, Ihre Homepage (wenn Sie denn fertig ist), in verschiedenen Suchmaschinen eintragen zu lassen, denn was nützt Ihnen die schönste eigene Webseite, wenn im immer größer werdenden Internet niemand auf Ihre Webadresse aufmerksam gemacht wird.

2 Mit ein paar Mausklicks bauen Sie innerhalb weniger Minuten Ihre eigene Homepage. Auf einfache Weise binden Sie Ihre Fotos ein und bekommen fertige Layouts zur Auswahl.

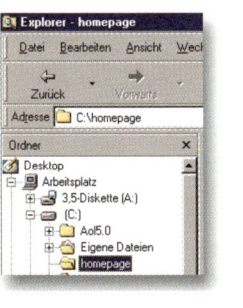

1 Ordner anlegen

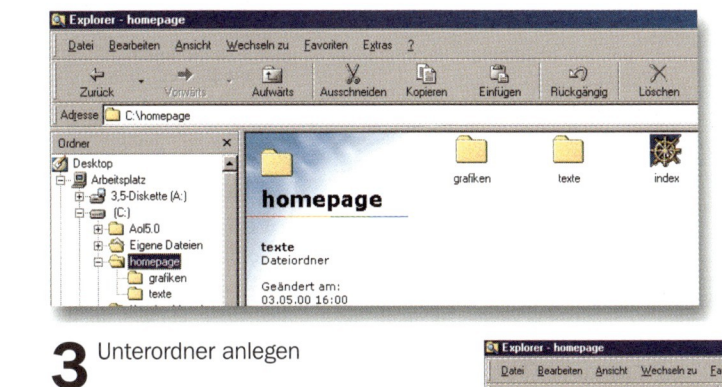

3 Unterordner anlegen

2 Alle Dateien unter *homepage* ablegen

4 Unterteilung in Unterbereiche

Wenn Sie wissen, welche Inhalte Sie auf Ihren Webseiten vorstellen möchten, können Sie einen Schritt weitergehen. Nehmen Sie Ihre Liste mit thematischen Stichpunkten zur Hand, gruppieren Sie die Informationen und erweitern Sie diese Liste bei Bedarf. Dieses Konzept bildet im weiteren Verlauf die Grundlage für die Struktur Ihrer Webseiten.

Neben dem Konzept zu Ihrer Website ist es wichtig, dass Sie mit Hilfe des Windows-Explorers auf Ihrer Festplatte einen eigenen Ordner, beispielsweise mit der Bezeichnung *homepage*, anlegen und alle Elemente Ihrer Webseiten konsequent dort ablegen. Um Ihre Homepage später im World Wide Web zu veröffentlichen, müssen dieser Ordner und ggf. angelegte Unterordner komplett auf den Server Ihres Online-Dienstes oder Webspace-Anbieters übertragen werden.

1 Legen Sie einen eigenen Ordner für Ihre Homepage an – in diesem Beispiel befindet sich der Ordner auf Laufwerk C: und trägt die Bezeichnung *homepage*.

2 Bei kleineren Web-Projekten reicht es bereits aus, alle benötigten Dateien gemeinsam in diesem Ordner abzulegen.

3 Planen Sie, mehrere Webseiten mit vielen Texten und Grafiken zu erstellen, sollten Sie zumindest jeweils die HTML-Dateien mit den Texten und die Bilder und Grafiken in getrennten Unterordnern ablegen.

! Die Startseite einer Web-Präsentation hat einen bestimmten Namen (*index.htm* oder *index.html*). Diese Datei darf nicht in einem Unterordner abgelegt werden, sondern sollte sich immer im Hauptordner Ihres Homepage-Verzeichnisses befinden.

4 Wollen Sie eine wirklich große Website aufbauen, kann eine Unterteilung der Ordnerstruktur in einzelne Unterbereiche durchaus sinnvoll sein.

! Beachten Sie zwei wichtige Grundregeln:

Das Betriebssystem UNIX unterscheidet strikt zwischen Groß- und Kleinschreibung. Damit es später nicht zu Problemen kommt, verzichten Sie am besten komplett auf die Verwendung von Großbuchstaben.

Ein weiteres Problem kann sich aus der Verwendung von Sonderzeichen innerhalb eines Ordner- oder Dateinamens ergeben. Benutzen Sie deshalb neben anderen Sonderzeichen auch niemals deutsche Umlaute für diese Bezeichnungen. Auch Leerzeichen, die Sie mit der ☐-Taste erzeugen, dürfen in Ordner- und Dateinamen nicht enthalten sein.

ÜBERBLICK

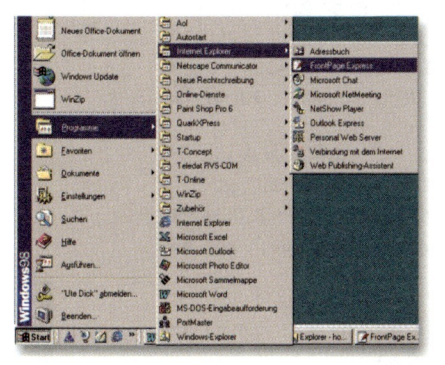

3 Seiteneigenschaften auswählen

4 Titel festlegen

1 FrontPage Express starten

2 FrontPage Express – bereit zur Texteingabe

6 Text eingeben

Nun ist es endlich soweit – Sie werden Ihre erste persönliche Homepage erstellen. Zunächst werden Sie mit der Eingabe von einigen Zeilen Text beginnen. Sie werden feststellen, dass sich dieses Vorhaben nicht schwieriger gestaltet, als wenn Sie in einer Textverarbeitung einen Brief schreiben.

1 Starten Sie den Web-Editor FrontPage Express, indem Sie auf *Start* > *Programme* > *Internet Explorer* > *FrontPage Express* klicken.

2 FrontPage Express wird gestartet und die Eingabemarke (engl. Cursor) wartet bereits blinkend auf Ihre Texteingaben.

3 Bevor Sie mit der Texteingabe beginnen, sollten Sie den Titel Ihrer Homepage bestimmen. Klicken Sie in der Menüleiste auf *Datei* und wählen Sie den Eintrag *Seiteneigenschaften*.

4 Im Dialog *Seiteneigenschaften* geben Sie in der Eingabezeile *Titel* die gewünschte Bezeichnung für Ihre Homepage an.

! Der Titel einer Webseite ist keine reine Formsache. Wenn Ihre Homepage später als Eintrag in einer Suchmaschine erscheint, wird der Titel Ihrer Seite zur Beschreibung angezeigt. Daher macht es wenig Sinn, lediglich einen Titel wie *Homepage* zu vergeben – besser wäre beispielsweise *Homepage von Frank Reiser – Die bunte Welt der PC-Spiele*.

5 Prüfen Sie bei dieser Gelegenheit bitte direkt, ob im Bereich *HTML-Codierung* für beide Optionen der Eintrag *US/Westeuropäisch* angezeigt wird. Ist das nicht der Fall, wählen Sie diesen Eintrag im Listenfeld aus. Bestätigen Sie mit *OK*.

6 Sie befinden sich wieder im Hauptfenster von FrontPage Express – die Bezeichnung der Titelleiste hat sich geändert. Tippen Sie nun einen beliebigen Text ein.

! Wollen Sie einen neuen Absatz einfügen, drücken Sie die ⏎-Taste. Möchten Sie innerhalb eines Absatzes lediglich eine neue Zeile beginnen, benutzen Sie die Tastenkombination ⇧+⏎. Innerhalb eines Absatzes fügen Sie nur dann eine neue Zeile ein, wenn dies aus gestalterischen oder inhaltlichen Gründen notwendig ist. Im Normalfall wird auf Webseiten automatisch ein Zeilenumbruch durchgeführt, wenn im Anzeigebereich des Web-Browsers kein Platz für das nachfolgende Wort verfügbar ist.

ÜBERBLICK

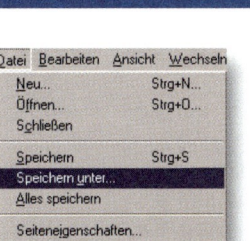
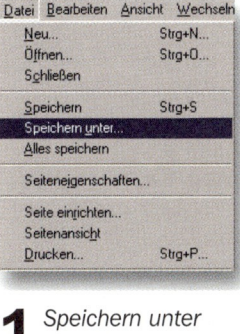

1 *Speichern unter* auswählen

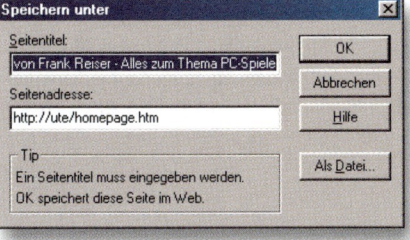

2 Seite *Als Datei* auf der Festplatte speichern

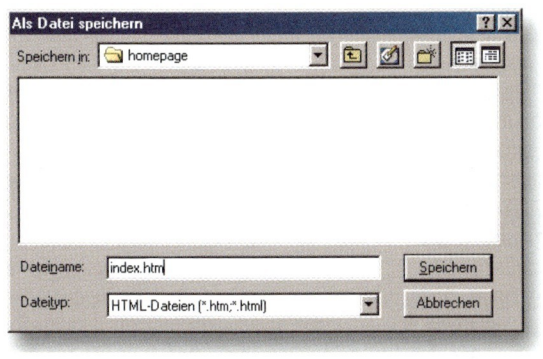

3 Den Namen *index.htm* vergeben

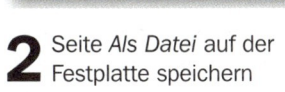

4 Über die Symbolleiste speichern

Auch wenn die Webseite noch ein wenig dürftig aussieht, sollten Sie bereits zum jetzigen Zeitpunkt Ihre Homepage auf der Festplatte abspeichern. Prinzipiell sollten Sie sich angewöhnen, vor jeder größeren Änderung eine Speicherung der Webseiten durchzuführen. Wenn es unerwartet zu Problemen kommen sollte, ersparen Sie sich auf diese Weise eine Menge unnötiger Arbeit.

1 Um Ihre Webseite zu speichern, klicken Sie in der Menüleiste auf *Datei* und wählen den Eintrag *Speichern unter*.

2 Als Voreinstellung möchte Front-Page Express Ihre Webseite direkt auf einem Server im World Wide Web ablegen. Da die Seite aber lokal auf Ihrer Festplatte gespeichert werden soll, klicken Sie auf die Schaltfläche *Als Datei*.

Es ist wesentlich sinnvoller, erst einmal alle Daten auf dem eigenen, lo-kalen Rechner zu sammeln. Wenn Sie jede Änderung auf einem Internet-Server ausprobieren, hat dies zwei Nachteile: Jede geänderte Datei muss erst einmal auf den Server übertragen werden und dies kostet erstens Zeit und zweitens Geld. Falls Sie in Ihrer Homepage Links auf an-dere Seiten oder Grafiken einfügen oder gar mit Framesets (siehe weiter unten) arbeiten, können Sie die Sei-ten problemlos auch erst einmal auf Ihrem lokalen Rechner anlegen und prüfen. Erfahrungsgemäß ist selbst bei alten »Homepage-Bastlern« nicht gleich die erste Version der Home-page zufriedenstellend oder gar feh-lerfrei.

3 Speichern Sie Ihre Webseite un-ter dem Namen *index.htm* im zuvor angelegten Ordner *homepage*. Klicken Sie auf *Speichern*, um den Dialog zu beenden.

4 Klicken Sie nun regelmäßig in der Symbolleiste auf *Speichern*, um die Sicherung kommentarlos zu ak-tualisieren.

1 Text markieren

2 Text ausschneiden

3 Text per Drag & Drop verschieben

4 Text kopieren

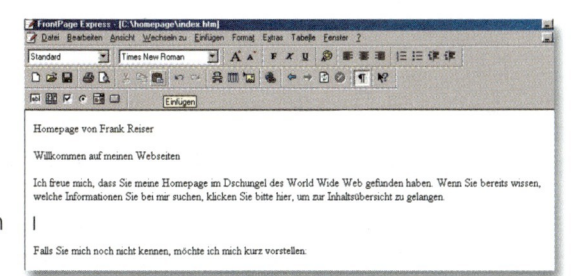

5 Text wieder einfügen

Sicherlich kennen Sie die Funktionen, mit denen Texte markiert und bearbeitet werden, bereits von der Arbeit mit Ihrer Textverarbeitung. Darum soll an dieser Stelle lediglich kurz auf diese Möglichkeiten eingegangen werden.

Wenn Sie lieber mit der Tastatur arbeiten als mit der Maus, können Sie natürlich auch die bekannten Tastenkombinationen Strg+C für *Kopieren*, Strg+X für *Ausschneiden* und Strg+V für das *Einfügen* von markiertem Text verwenden.

! Die hier beschriebenen Funktionen zur Bearbeitung von markierten Textstellen sind auch in Bezug auf eingefügte Grafiken gültig. Wollen Sie also eine Grafik verschieben, kopieren oder entfernen, markieren Sie diese und gehen wie nachfolgend beschrieben vor.

1 Eine Textstelle markieren Sie, indem Sie den Cursor an gewünschter Stelle platzieren, die linke Maustaste gedrückt halten und über den zu markierenden Textabschnitt ziehen.

2 Wollen Sie ein Element verschieben, markieren Sie den entsprechenden Bereich und klicken auf die Schaltfläche *Ausschneiden*.

! Möchten Sie markierte Textstellen oder Grafiken nicht verschieben, sondern löschen, markieren Sie die gewünschten Elemente und drücken die Taste Entf.

3 Sie können Elemente auf Ihren Webseiten auch mit Hilfe der Maus verschieben. Klicken Sie auf den markierten Bereich, ziehen Sie mit gedrückter Maustaste den Inhalt an die neue Position und lassen Sie die linke Maustaste anschließend los.

4 Soll ein markierter Bereich lediglich kopiert werden, klicken Sie in der Symbolleiste auf die Schaltfläche *Kopieren*. Im Gegensatz zum Verschieben bleiben die markierten Elemente erhalten und werden nicht entfernt.

5 Wählen Sie in der Symbolleiste die Funktion *Einfügen*, um kopierte oder ausgeschnittene Elemente an der neuen Position des Cursors einzufügen.

! Geht bei der Bearbeitung Ihrer Seiteninhalte einmal etwas schief, klicken Sie in der Symbolleiste auf die Schaltfläche *Rückgängig*. Rückgängig gemachte Aktionen können Sie erneut übernehmen, wenn Sie auf *Wiederherstellen* klicken.

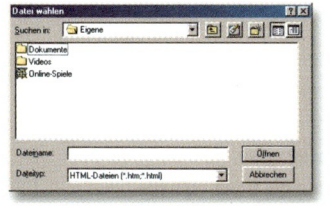

1 Textdokument öffnen

2 Menüpunkt *Als HTML speichern* anwählen

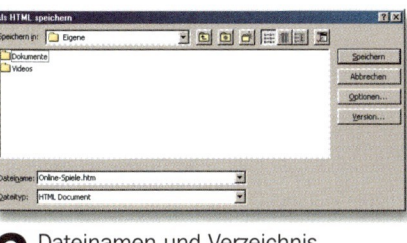

3 Dateinamen und Verzeichnis bestimmen

4 In FrontPage Express auf *Einfügen > Datei* klicken

5 Datei öffnen

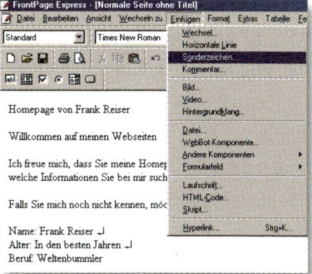

7 In das Untermenü *Sonderzeichen* gehen

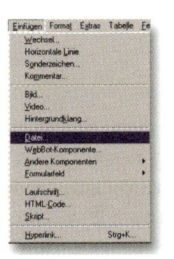

8 Sonderzeichen auswählen und *Einfügen*

Verfügen Sie bereits über Textdokumente, deren Inhalt sich für eine Veröffentlichung auf Ihrer Homepage eignet, können Sie diese problemlos in FrontPage Express importieren. Das einfache Kopieren mit Strg+C und das Einfügen mittels Strg+V über die Zwischenablage von Windows funktioniert leider nicht.

Neben den normalen Texten möchten Sie vielleicht einmal Sonderzeichen auf Ihrer Webseite einfügen, die nicht auf direktem Wege über die Tastatur zu erreichen sind. Kein Problem – gehen Sie zu diesem Zweck bitte folgendermaßen vor:

1 Öffnen Sie in Ihrer Textverarbeitung (hier MS-Word) das Dokument, dessen Inhalt auf Ihrer Webseite eingefügt werden soll.

2 Klicken Sie auf *Datei > Als HTML speichern*.

3 Bestimmen Sie das Verzeichnis und den Namen, unter dem die neue HTML-Datei abgespeichert werden soll, und klicken Sie auf die Schaltfläche *Speichern*.

! Nicht immer ist es erwünscht, dass alte Formatierungen aus der Textverarbeitung mit übernommen werden – im Zweifelsfall entfernen Sie diese, bevor Sie die Datei in FrontPage Express importieren.

4 Um die gewünschten Informationen zu importieren, klicken Sie in der Menüleiste von FrontPage Express auf *Einfügen > Datei*.

5 Selektieren Sie im Dialog *Datei wählen* die zu importierende Datei und klicken Sie auf die Schaltfläche *Öffnen*.

6 Das importierte Textelement wird an der Position der Eingabemarke in Ihre Webseite eingefügt.

7 Platzieren Sie den Cursor an der Position auf der Webseite, an der das gewünschte Sonderzeichen eingefügt werden soll. Klicken Sie anschließend in der Menüleiste auf den Eintrag *Einfügen > Sonderzeichen*.

8 Wählen Sie das Sonderzeichen, das Sie einfügen wollen – am unteren Rand wird eine Vergrößerung angezeigt. Klicken Sie auf *Einfügen*, wird das Sonderzeichen an der aktuellen Position des Cursors eingefügt.

! Möchten Sie auf diese Weise weitere Sonderzeichen einfügen, wiederholen Sie den Vorgang einfach entsprechend. Andernfalls klicken Sie auf die Schaltfläche *Schließen*, um den Dialog *Sonderzeichen* wieder auszublenden.

ÜBERBLICK

1 Text markieren

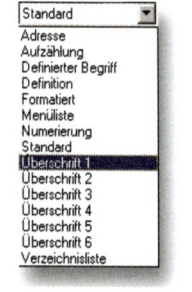

2 Format auswählen

3 Unterschiedliche Überschriftenebenen

4 Schriftart auswählen

5 Seite mit »exotischen« Schriftarten

6 Die Schriftarten sind nicht installiert

Um einen Text übersichtlich zu gestalten und ihm eine gewisse Struktur zu geben, setzen Sie am besten die zur Verfügung stehenden Überschriften ein. Die Auswahl der entsprechenden Schriftart kann ebenfalls ein Problem darstellen: Wenn auf Ihrer Webseite eine Schrift benutzt wird, die auf einem Rechner, der Ihre Seite ausführen soll, nicht zur Verfügung steht, wird die von Ihnen gewählte Schrift ersetzt. Das kann dazu führen, dass das Layout Ihrer Webseite komplett durcheinander gewürfelt wird!

1 Markieren Sie das Textelement, das als Überschrift dargestellt werden soll.

2 Öffnen Sie in der *Format*-Symbolleiste die Auswahlliste der zur Verfügung stehenden Formatvorlagen. Klicken Sie auf den Eintrag *Überschrift 1*.

3 Wenn Sie die Formatvorlagen einsetzen, stehen Ihnen insgesamt sechs unterschiedliche Überschriftenebenen zur Verfügung: *Überschrift 1* bis *Überschrift 6*.

4 Öffnen Sie in der *Format*-Symbolleiste das Listenfeld der Schriftarten, haben Sie Zugriff auf alle lokal auf Ihrem Computer installierten Schriften.

5 In diesem Beispiel wurden vier »exotische« Schriftarten in die Webseite eingefügt. Solange die Seiten nicht im Web veröffentlicht wurden und Sie die Seite nur auf Ihrem Computer betrachten, sieht das alles noch sehr gut aus.

6 Ruft allerdings ein Besucher Ihre Webseiten auf, der diese Schriftarten nicht installiert hat, wirkt die Darstellung schon weniger einladend.

! Um unliebsame Darstellungen bei den Besuchern Ihrer Webseite zu vermeiden, empfiehlt es sich, lediglich Standardschriften wie *Times New Roman*, *Arial* oder *Courier New* zu verwenden. Gestalten Sie Ihre Webseiten so, dass sie auch mit einer anderen Schriftart immer gut aussehen und die Lesbarkeit erhalten bleibt.

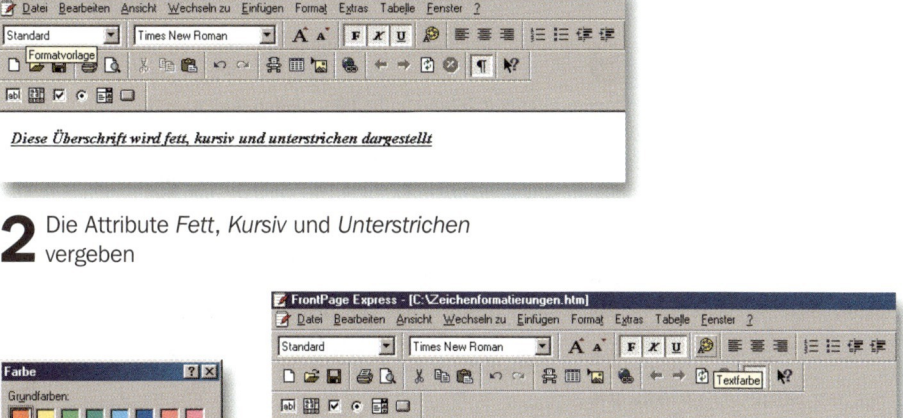

2 Die Attribute *Fett*, *Kursiv* und *Unterstrichen* vergeben

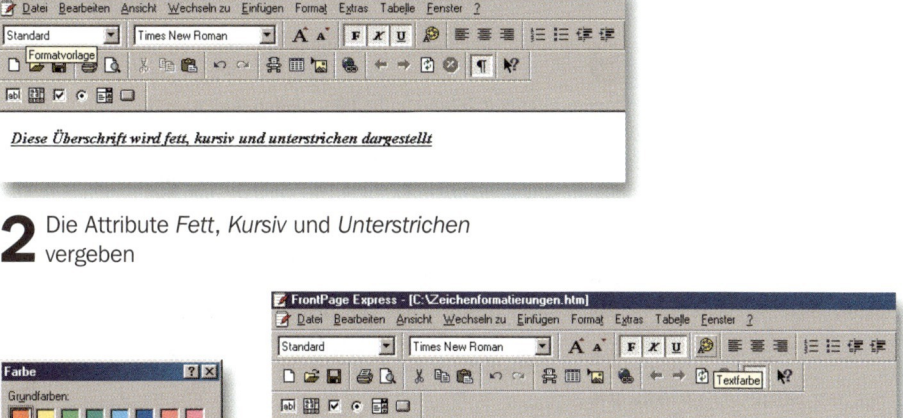

3 Schaltfläche *Textfarbe* markieren

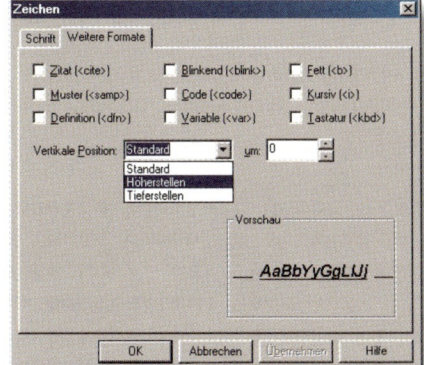

4 Farbton auswählen

6 Zeichen formatieren

7 Weitere Formate einstellen

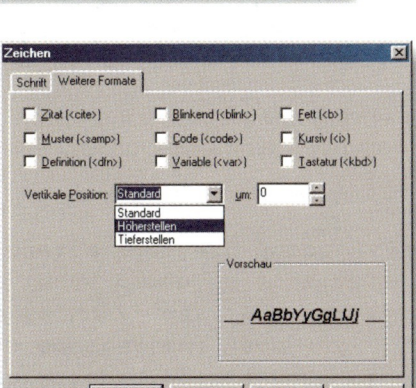

Nutzen Sie Zeichenformate, um wichtige Textstellen entsprechend hervorzuheben. Allgemein und insbesondere bei der farblichen Gestaltung Ihrer Texte sollten Sie die goldene Designer-Regel im Kopf behalten, die da lautet: »Weniger ist oftmals mehr.« Setzen Sie die Ihnen zur Verfügung stehenden Mittel sparsam ein, und übertreiben Sie es nicht mit diesen Formatierungen – die Besucher Ihrer Webseiten werden es Ihnen danken.

1 Um die Schriftgröße zu ändern, markieren Sie die gewünschten Textelemente und klicken in der Symbolleiste auf die Schaltfläche *Schrift vergrößern* bzw. *Schrift verkleinern*. Insgesamt stehen Ihnen sieben Größenabstufungen zur Verfügung.

2 Natürlich können Sie Ihren Texten auch die Attribute *Fett*, *Kursiv* oder *Unterstrichen* zuweisen. Markieren Sie einfach die jeweilige Textstelle und klicken Sie in der Symbolleiste auf die entsprechende Schaltfläche. Natürlich können Sie diese Formate auch kombinieren.

! Verzichten Sie darauf, Textstellen zu unterstreichen. Wie Sie vielleicht bereits wissen, werden Hyperlinks auf Webseiten zumeist unterstrichen dargestellt. Unterstreichen Sie normale

Texte, kann es passieren, dass Besucher Ihrer Webseiten diese Passagen für einen Hyperlink halten und verärgert sind, wenn dieser nicht funktioniert.

3 Um einen Text in einer bestimmten Farbe darzustellen, markieren Sie diesen und klicken auf die Schaltfläche *Textfarbe*.

4 Im Dialog *Farbe* wählen Sie den gewünschten Farbton mit einem Mausklick aus. Gefällt Ihnen keine der angebotenen Grundfarben, klicken Sie auf die Schaltfläche *Farben definieren*.

5 Im rechten erweiterten Bereich des Dialogs können Sie jeden denkbaren Farbton auswählen. Klicken Sie auf *Farbe hinzufügen*, um

damit ein freies Feld im Bereich *Benutzerdefinierte Farben* zu füllen. Sind Sie mit Ihrer Auswahl zufrieden, klicken Sie auf *OK*, um den Text einfärben zu lassen.

6 Weitere Einstellungen zur Zeichenformatierung können Sie über *Format > Zeichen* vornehmen. Auf der Registerkarte *Schrift* haben Sie die Möglichkeit, die wichtigsten Einstellungen in einem Schritt zu definieren.

7 Wechseln Sie mit einem Klick auf die Registerkarte *Weitere Formate*. Experimentieren Sie ruhig mit den hier angebotenen Optionen. Haben Sie Ihre Einstellungen beendet, klicken Sie auf *OK*.

1 Text ausrichten

3 Numerische Aufzählung erstellen

7 Im Kontextmenü *Listeneigenschaften* auswählen

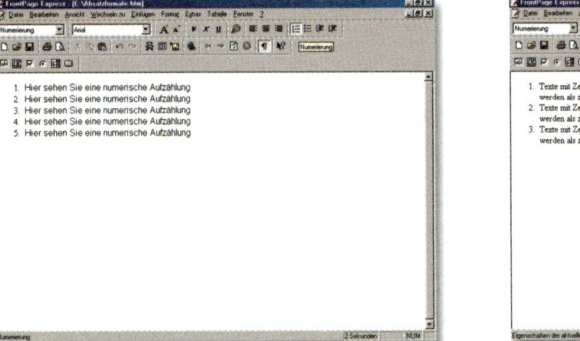

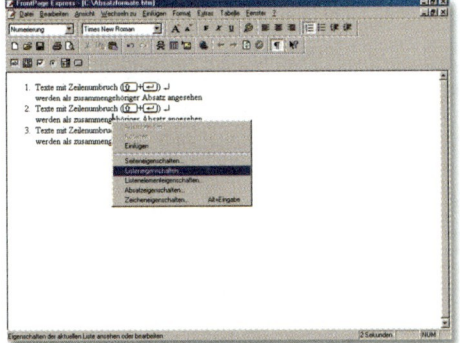

2 Texteinzug verändern

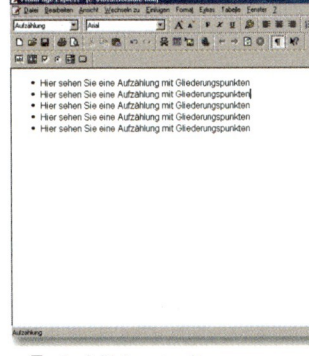

4 Aufzählung mit Gliederungspunkten erzeugen

8 Nummerierungsart bestimmen

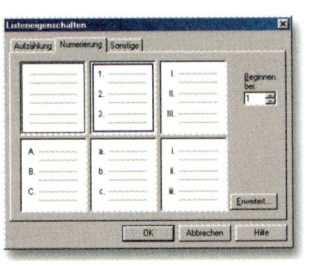

Bei der Ausrichtung und dem Einzug von Textstellen und der Gliederung handelt es sich um Absatzformate, die sich nicht auf einzelne Zeichen oder Wörter, sondern immer auf einen oder mehrere Absätze beziehen. Neben dem Einsatz von Tabellen gehören diese Absatzformate zu den wichtigsten Gestaltungsmitteln und Gliederungshilfen für Texte, die Sie auf Ihren Webseiten einsetzen können.

1 Klicken Sie auf eine der Schaltflächen *Linksbündig*, *Zentriert* oder *Rechtsbündig*, um einen Absatz entsprechend auszurichten. Standardmäßig wird der Text linksbündig ausgerichtet.

2 Über die Schaltflächen *Einzug verkleinern* bzw. *Einzug vergrößern* bestimmen Sie den Abstand zwischen Seitenrand und Textkörper.

3 Um eine numerische Aufzählung zu erstellen, klicken Sie auf die Schaltfläche *Nummerierung* in der Symbolleiste.

4 Wollen Sie eine einfache Aufzählung mit Gliederungspunkten definieren, klicken Sie auf die Schaltfläche *Aufzählung*.

5 Achten Sie darauf, dass durch Zeilenumbrüche (⇧+⏎) getrennte Textstellen als ein zusammengehöriger Absatz angesehen und bei einer Aufzählung oder Nummerierung nicht als einzelne Listenpunkte formatiert werden.

6 Haben Sie dahingegen nach jedem gewünschten Listenpunkt die Taste ⏎ gedrückt, wird die Nummerierung bzw. Aufzählung wunschgemäß angezeigt.

7 Absätze mit Nummerierungen oder Aufzählungszeichen können Sie an Ihre Vorstellungen anpassen, indem Sie mit der *rechten* Maustaste auf den entsprechenden Absatz klicken und im Kontextmenü die Option *Listeneigenschaften* wählen.

8 In diesem Dialog können Sie in der Registerkarte *Numerierung* bzw. *Aufzählung* die jeweilige Darstellungsart bestimmen. Klicken Sie auf *OK*, um Ihre Einstellung zu übernehmen.

! Befindet sich zwischen den einzelnen Zeilen einer Aufzählung oder Nummerierung ein unerwünschter Freiraum, sodass die Listenpunkte auseinander rutschen, markieren Sie diesen Absatz und klicken auf die Schaltfläche *Linksbündig* in der *Format*-Symbolleiste. Der Grund liegt darin, dass zwischen der Standardausrichtung in FrontPage Express und einer linksbündigen Ausrichtung ein kleiner Unterschied besteht, der auf diese Weise unschön zutage treten kann.

ÜBERBLICK

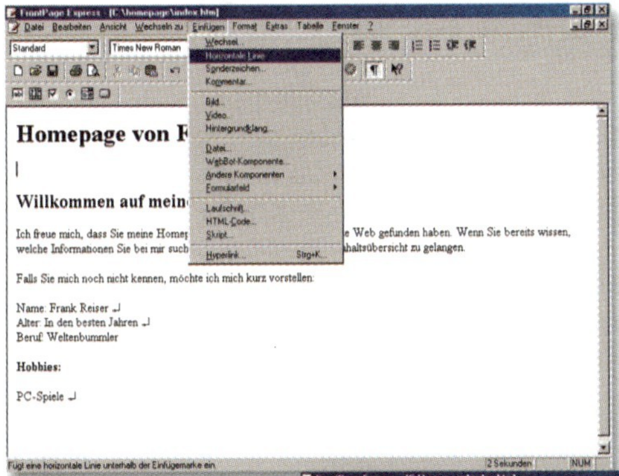

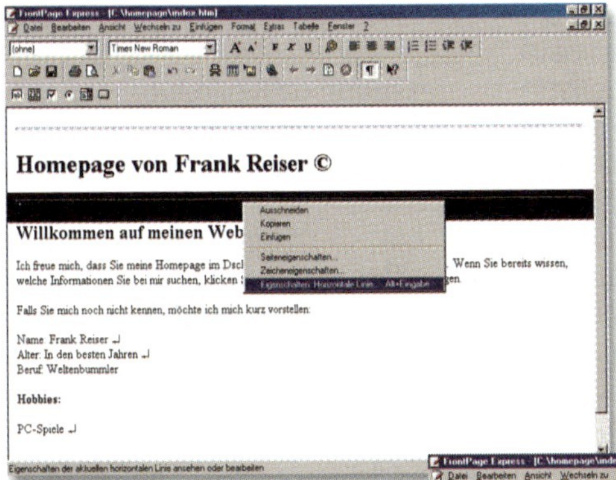

3 Im Kontextmenü *Eigenschaften: Horizontale Linie* auswählen

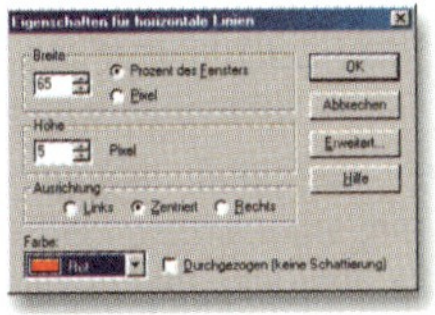

4 Eigenschaften bestimmen

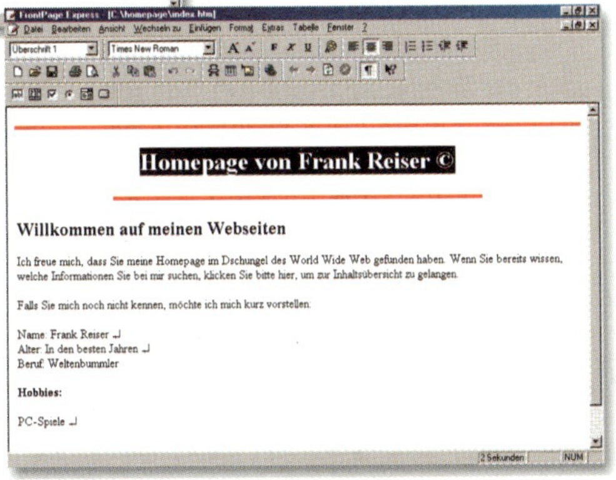

1 Horizontale Linie einfügen

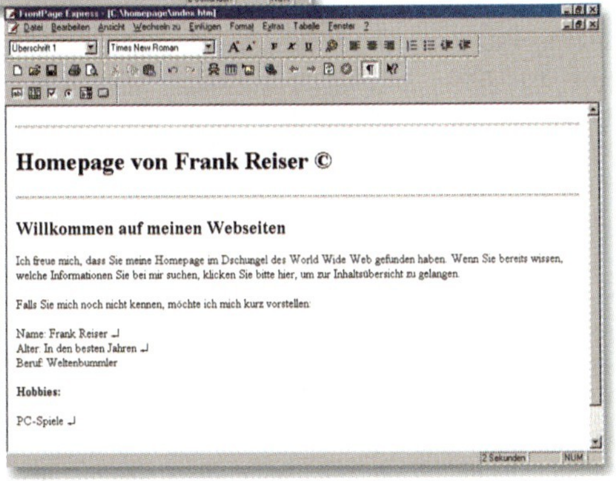

2 Zwei horizontale Linien

5 Trennlinien mit einer Höhe von 5 Pixeln

Da der frühzeitige Einsatz von horizontalen Trennlinien Ihrer Homepage zu mehr Struktur und optischem Feinschliff verhilft, erfahren Sie nachfolgend zuerst einmal, wie Sie diese Trennlinien in Ihre Webseiten einbauen.
Experimentieren Sie mit Trennlinien, denn es hilft, Ihrer Webseite ein klares und übersichtliches Layout zu geben und einzelne Themenbereiche voneinander zu trennen.

1 Positionieren Sie den Cursor an der Stelle auf der Webseite, an der Sie eine horizontale Unterteilung vornehmen möchten. Klicken Sie dann in der Menüleiste auf den Eintrag *Einfügen > Horizontale Linie*.

2 In diesem Beispiel wurden zwei horizontale Trennlinien in die Webseite eingefügt.

3 Um das Erscheinungsbild einer dieser Linien zu ändern, klicken Sie mit der *rechten* Maustaste auf die Trennlinie und wählen im Kontext-menü den Eintrag *Eigenschaften: Horizontale Linie*.

4 Experimentieren Sie mit den unterschiedlichen Einstellungen zur *Breite*, *Höhe* und *Farbgestaltung* der Linien, bis Sie mit dem Ergebnis zufrieden sind. Klicken Sie dann auf *OK*.

! Bevorzugen Sie bei der Angabe zur Breite der Linie die Option *Prozent des Fensters*. Auf diese Weise passen sich die Trennlinien jeweils automatisch an die verfügbare Darstellungsgröße im Web-Browser an, während bei einer Angabe in *Pixeln* die Linien ihre Breite unverändert beibehalten.

5 Eine Höhe von 5 Pixeln verleiht der Linie bereits genügend Aussagekraft. Wie bei allen gestalterischen Elementen sollten Sie auch horizontale Trennlinien eher sparsam einsetzen.

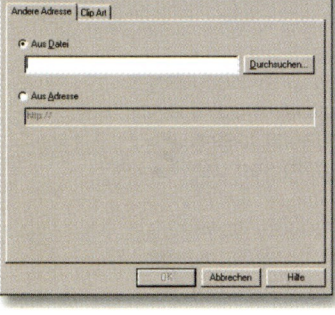

2 Das gewünschte Bild öffnen

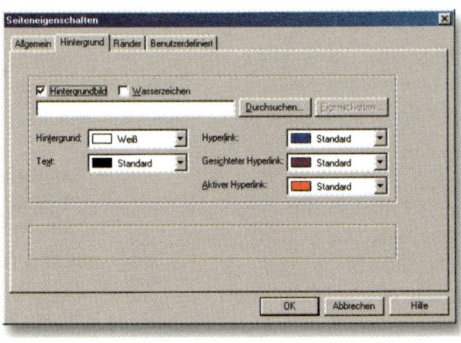

4 Die Festplatte nach einem Hintergrundbild *Durchsuchen*

1 Im Dialog *Bild* auf *Durchsuchen* klicken

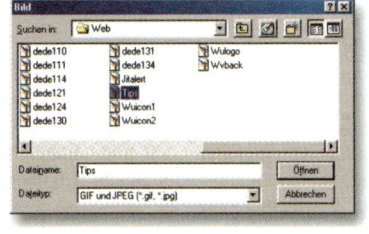

Homepage von Frank Reiser ©

Willkommen auf meinen Webseiten

Ich freue mich, dass Sie meine Homepage im Dschungel des World Wide Web gefunden haben. Wenn Sie bereits wissen, welche Informationen Sie bei mir suchen, klicken Sie bitte hier, um zur Inhaltsübersicht zu gelangen.

Falls Sie mich noch nicht kennen, möchte ich mich kurz vorstellen:

Name: Frank Reiser ⏎
Alter: In den besten Jahren ⏎
Beruf: Weltenbummler ⏎

Hobbies:

PC-Spiele ⏎

3 Die Webseite mit Bild

5 Farbe im Listenfeld *Hintergrund* auswählen

Was wäre das World Wide Web ohne die endlose Anzahl an Bildern, die auf nahezu jeder Webseite zu finden sind? Auch Sie können auf einfache Weise Bilder in Ihre Homepage einbinden. Als Beispiel dient die Homepage, die Sie bereits vom Anfang des Kapitels kennen. Was auf einer persönlichen Homepage natürlich auf keinen Fall fehlen darf, sind Bilder oder Grafiken des Autors selbst, seiner Kinder oder anderer Menschen oder Dinge, die ihm am Herzen liegen und zum Inhalt der Webseiten passend erscheinen.

Neben dem Einfügen von Bildern ist die Gestaltung des Hintergrunds Ihrer Webseiten ein wichtiger Faktor, wenn es um den optischen Nährwert Ihrer Web-Präsentation geht. Bis jetzt besitzt Ihre Homepage lediglich einen weißen Hintergrund, doch dem können Sie schnell abhelfen. Sie haben die Möglichkeit, den Hintergrund farblich zu gestalten oder eine Grafik als Hintergrundbild einzubinden.

! Auf Webseiten finden zur Zeit lediglich zwei Grafikformate Verwendung: das *JPG-* und *GIF*-Format. Um eine solche Grafik einzubinden, kopieren Sie die gewünschte Grafikdatei im Vorfeld in den Hauptordner Ihres Homepage-Verzeichnisses oder in einen Unterordner speziell für Bilder und Grafiken.

1 Fügen Sie für die Grafik einen neuen Absatz ein, indem Sie ⏎ drücken. Platzieren Sie den Cursor an der gewünschten Einfügeposition, öffnen Sie über *Einfügen > Bild* den Dialog *Bild* und klicken Sie auf die Schaltfläche *Durchsuchen*.

2 Wechseln Sie zu dem Ordner, in dem Sie das Bild gespeichert haben, markieren Sie die Grafikdatei und klicken Sie auf *Öffnen*.

3 Das Bild wird an der zuvor festgelegten Position in Ihre Webseite eingebaut.

4 Öffnen Sie über *Datei > Seiteneigenschaften* den Dialog *Seiteneigenschaften* und klicken Sie auf das Register *Hintergrund*. Aktivieren Sie das Optionsfeld *Hintergrundbild* und klicken Sie auf *Durchsuchen*, um die gewünschte Grafikdatei einzubinden.

5 Alternativ können Sie im Listenfeld *Hintergrund* auch lediglich eine Hintergrundfarbe festlegen. Haben Sie Ihre Wahl getroffen, beenden Sie den Dialog mit einem Klick auf die Schaltfläche *OK*.

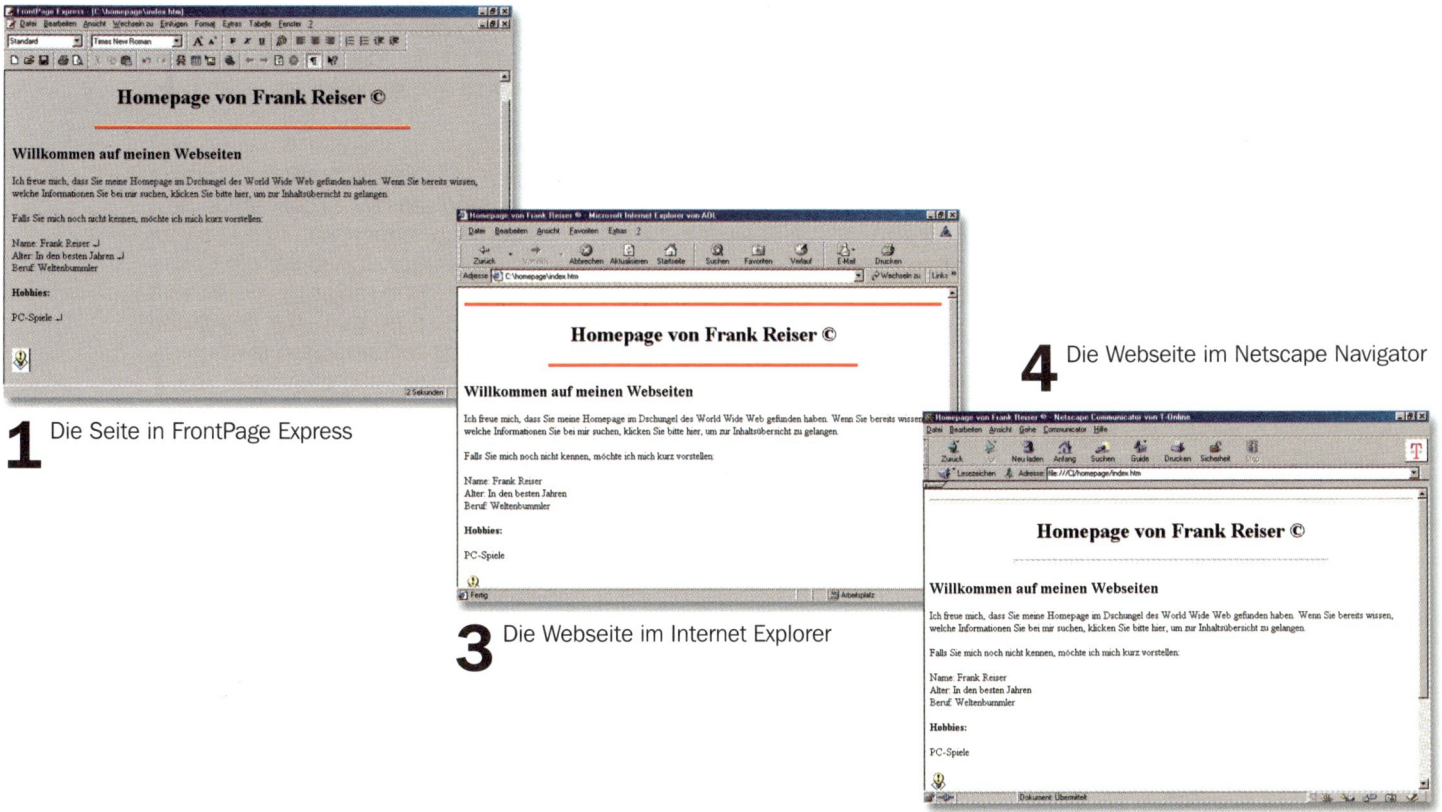

1 Die Seite in FrontPage Express

3 Die Webseite im Internet Explorer

4 Die Webseite im Netscape Navigator

Mittlerweile dürfte Ihre erste Webseite schon recht ansprechend aussehen, denn neben Text- und Absatzformatierungen haben Sie vielleicht bereits Farbe, Trennlinien und die eine oder andere Grafik für Ihre Homepage verwendet. Nun ist es an der Zeit, dass Sie Ihr Werk in einem oder besser mehreren Web-Browsern betrachten und testen.

! Die Darstellung in einem WYSIWYG-Editor wie FrontPage Express ist nicht in jedem Fall identisch mit der Anzeige in einem Web-Browser. Sie sollten Ihre Webseiten zwischendurch also auf jeden Fall zumindest im Internet Explorer und Netscape Navigator testen.

1 Öffnen Sie Ihre erste Webseite in FrontPage Express und schauen Sie sich diese noch einmal genau an. Starten Sie den Internet Explorer und (falls verfügbar) auch den Netscape Navigator. Laden Sie Ihre Homepage über *Datei > Öffnen* zur Anzeige in die Web-Browser ein.

2 Für einen schnellen Wechsel zwischen dem Editor und dem Browser brauchen Sie die Programme nicht einmal zu verlassen. Drücken Sie [Alt]+[⇆], können Sie schnell und unkompliziert zwischen den laufenden Programmen hin und her schalten.

3 Urteilen Sie selbst: Die gleiche Webseite einmal im Internet Explorer ...

4 ... und im Netscape Navigator. Sie bemerken einen Unterschied bei der Darstellung der horizontalen Trennlinien.

! Obwohl sich nur wenige Elemente auf der Webseite befinden, unterscheidet sich die Anzeige in den beiden Browsern. Eine identische Anzeige zu erreichen, ist nur über Umwege und Kompromisse möglich und verlangt weiterführende HTML-Kenntnisse. Aus diesem Grund testen Sie Ihre Webseiten immer wieder und versuchen, in beiden Browsern eine möglichst ansprechende Darstellung zu erreichen.

HYPERLINKS

WEBSEITEN VERKNÜPFEN
TEXTLINKS
TEXTMARKEN
HYPERLINKS ZU ANDEREN WEBSEITEN

Abgesehen von interessanten Inhalten und guten Grafiken sind es in erster Linie die Hyperlinks, die eine Webseite lebendig gestalten. Hyperlinks sind die unsichtbaren Fäden, die das World Wide Web zusammenhalten und es letztendlich zu dem gemacht haben, was es heute ist: eine unüberschaubar große Ansammlung unterschiedlichster Webseiten, die in vielfältiger Weise miteinander verknüpft sind.

Erst mittels Hyperlinks ist es möglich, schnell von einer Webseite zur anderen zu »surfen«. Hyperlinks können unterschiedlicher Art sein: Sie können mit Links gezielt zu anderen Stellen auf der gleichen Webseite springen, Sie können mit Links aber auch eine andere Webadresse anvisieren. Außerdem können Links ganz unterschiedlich auf einer Webseite realisiert sein. Im Normalfall wird ein Hyperlink als Texteintrag gekennzeichnet, der – abhängig von dem verwendeten Browser – optisch gekennzeichnet ist. Aber auch hinter Abbildungen und Grafiken kann sich ein Hyperlink verstecken. Und letztendlich ist ein Verweis auf eine E-Mail-Adresse auch nichts anderes als ein Hyperlink.

HYPERLINKS

1 Normale Seite markieren

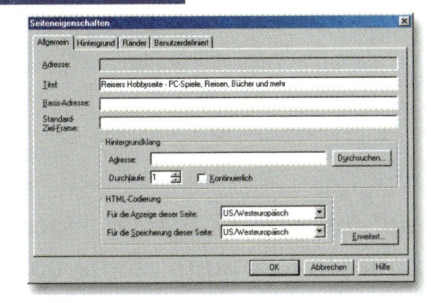

2 Titel vergeben

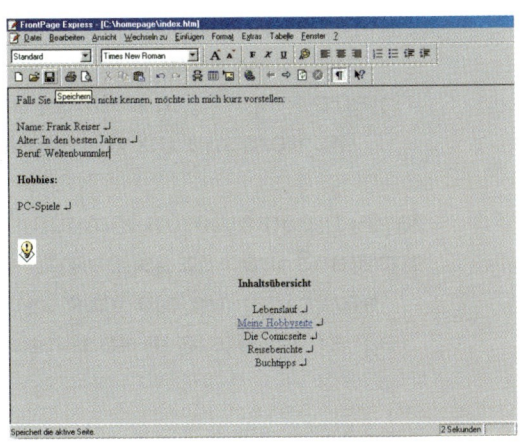

3 Seite erstellen

5 Inhaltsverzeichnis einfügen

7 Zugehörige Webseite markieren

9 Speichern Sie die Seite

Hyperlinks sind das Salz in der Suppe von Webseiten. Bedenken Sie, dass erst die »Verlinkung« von Seiten ermöglicht, zwischen Web-Adressen im WWW hin- und herzuspringen. Insofern ist aber auch die Bezeichnung Webseite nicht ganz korrekt, denn auch eine eigene Homepage besteht im Normalfall nicht nur aus lediglich einer Seite; man spricht daher im Englischen von einer Website (die mehrere Seiten beinhalten kann). Da Sie bis jetzt lediglich über eine Startseite verfügen, müssen Sie eine neue Webseite erstellen, um interne Hyperlinks nutzen zu können.

1 Öffnen Sie über *Datei > Neu* den Dialog *Neue Seite*. Markieren Sie in der Auswahlliste den Eintrag *Normale Seite* und klicken Sie auf die Schaltfläche *OK*.

2 Vergessen Sie bitte nicht, dieser neuen Seite direkt wieder einen prägnanten Titel zu geben. Wählen Sie *Datei > Seiteneigenschaften* und geben Sie in der Eingabezeile *Titel* die gewünschte Bezeichnung ein. Klicken Sie auf *OK*.

3 Füllen Sie die neue Seite Ihrer Präsentation mit Inhalt – in diesem Beispiel wurde eine Hobbyseite erstellt.

4 Speichern Sie die neue Webseite in Ihrem Homepage-Hauptverzeichnis oder dem entsprechenden Unterordner ab.

5 Wenn Ihre Präsentation langsam anfängt zu wachsen, sollten Sie auf Ihrer Homepage ein kleines Inhaltsverzeichnis einfügen, an dem die Besucher sich orientieren können.

6 Markieren Sie den Text, der als Hyperlink definiert werden soll – in diesem Fall *Meine Hobbyseite* im Inhaltsverzeichnis – und klicken Sie auf die Schaltfläche *Hyperlink erstellen oder bearbeiten*.

7 Auf der Registerkarte *Geöffnete Seiten* im Dialog *Hyperlink erstellen* markieren Sie nun die Webseite, zu der dieser Hyperlink führen soll. Klicken Sie anschließend auf *OK*.

8 Die nachfolgende Warnmeldung bestätigen Sie einfach mit *Ja*.

9 Die zuvor markierte Textstelle wird nun blau unterstrichen dargestellt – Gratulation, Sie haben gerade Ihren ersten Hyperlink eingefügt. Klicken Sie nun in der Symbolleiste auf die Schaltfläche *Speichern*.

! Um mit einem ersten kurzen Blick zu überprüfen, welche Seite mit einem Hyperlink verknüpft ist, bewegen Sie den Mauszeiger über den entsprechenden Hyperlink und achten auf die Anzeige in der linken unteren Ecke der Statusleiste.

HYPERLINKS

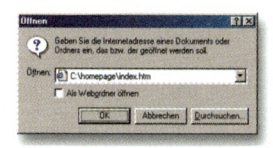

1 Öffnen Sie Ihre Homepage in einem Browser

4 Symbol *Hyperlink erstellen und bearbeiten* anklicken

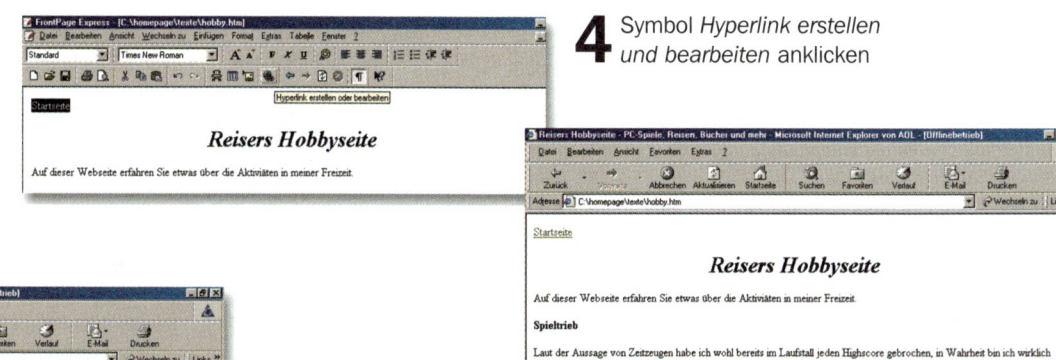

6 Seite aktualisieren und neuen Hyperlink testen

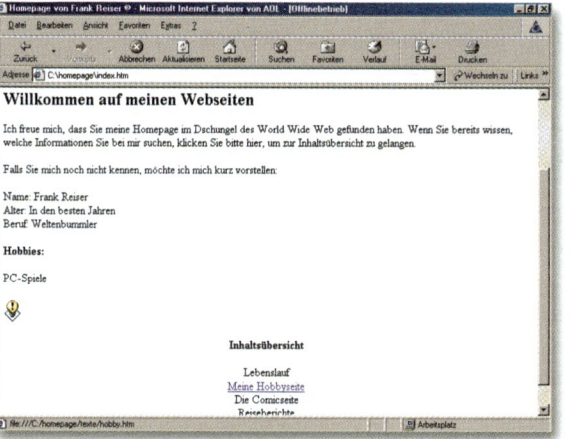

2 Hyperlink anklicken

5 Pfad zur Webseite angeben

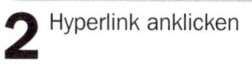

Natürlich sollten Sie jetzt sofort überprüfen, ob der soeben eingefügte Hyperlink auch wirklich richtig funktioniert. Zu diesem Zweck müssen Sie keine Online-Verbindung herstellen – es genügt, wenn Sie Ihre Startseite lokal mit einem Browser betrachten.

1 Starten Sie einen beliebigen Web-Browser und laden Sie über *Datei > Öffnen* Ihre Homepage in den Browser ein.

2 Bewegen Sie den Mauszeiger über den Hyperlink, verwandelt er sich in eine Hand – in der Statusleiste erkennen Sie auch hier, mit welcher Webseite dieser Hyperlink verknüpft ist. Klicken Sie nun den Hyperlink mit der Maus an.

3 Die Anzeige im Browser wechselt und zeigt jetzt die neue Webseite an.

! Vergessen Sie bitte nicht, die Webseite nach dem Einfügen von Hyperlinks im Editor zu speichern und die Anzeige im Browser zu aktualisieren.

! Um von der Hobbyseite wieder zurück zu Ihrer Homepage zu gelangen, müssen Sie im Moment noch die Schaltfläche *Zurück* des Browsers benutzen. Eleganter können Sie dieses Problem lösen, indem Sie auf dieser Seite einen weiteren Hyperlink einfügen, der den Besucher wieder zur Startseite zurückführt. Gehen Sie dazu folgendermaßen vor:

4 Fügen Sie am oberen Rand ein entsprechendes Textelement ein, markieren Sie dieses mit der Maus und klicken Sie auf die Schaltfläche *Hyperlink erstellen oder bearbeiten*.

5 Auf der Registerkarte *WWW* im Dialog *Hyperlink erstellen* geben Sie in der Eingabezeile *URL* die Pfadangabe zur gewünschten Webseite an. Klicken Sie auf *OK*.

6 Nachdem Sie die modifizierte Webseite erneut gespeichert haben, wechseln Sie über ⌨Alt+⌨↹ zu Ihrem Web-Browser und klicken auf *Aktualisieren* (Navigator: *Neu laden*). Klicken Sie nun auf den neu eingefügten Hyperlink *Startseite*.

7 Sie gelangen auf diese Weise ohne Umwege zu Ihrer Homepage zurück.

HYPERLINKS

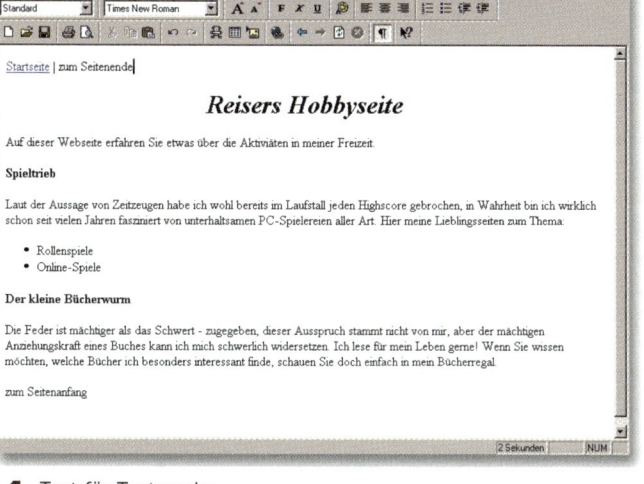

1 Text für Textmarke einfügen

2 Text markieren, *Textmarke* auswählen

3 Namen für Textmarke vergeben

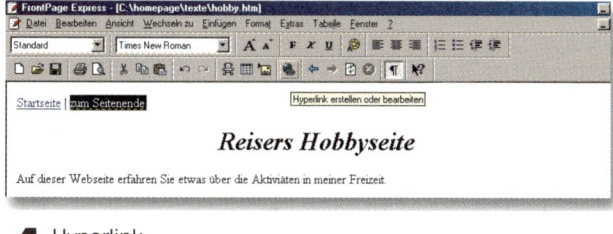

4 Hyperlink erstellen

5 Ziel-Textmarke auswählen

6 Textmarke im Browser testen

Wenn der Inhalt einer Webseite mehr Platz in Anspruch nimmt, als auf dem Bildschirm angezeigt werden kann, müssen Sie die Bildlaufleisten benutzen, um alles sehen zu können. Mit Hilfe von Textmarken, die auch eine Art von Hyperlink darstellen, können Sie bestimmte Positionen auf einer Webseite gezielt anwählen. Auf diese Weise schaffen Sie eine weitere Navigationshilfe für den Benutzer.

1 Fügen Sie im oberen Bereich der Webseite beispielsweise den Text »zum Seitenende« und am Ende der Seite das Textelement »zum Seitenanfang« ein.

2 Markieren Sie den Text, der als Textmarke definiert werden soll, und klicken Sie auf *Bearbeiten > Textmarke*.

3 Den Dialog *Textmarke* bestätigen Sie mit *OK*, nachdem Sie der Textmarke einen Namen gegeben haben. Wiederholen Sie diesen Schritt für alle Textmarken einer Webseite. Die Textmarken werden im Editor nun mit einer blauen gestrichelten Linie gekennzeichnet.

! Achten Sie bei der Namensgebung von Textmarken unbedingt auf die Groß- und Kleinschreibung. Im Gegensatz zu konventionellen Hyperlinks wird beispielsweise die Bezeichnung »Seitenanfang« und »seitenanfang« nicht als identisch angesehen.

4 Markieren Sie die Textmarke erneut und klicken Sie auf die Schaltfläche *Hyperlink erstellen oder bearbeiten*.

5 Auf der Registerkarte *Geöffnete Seiten* sind in der Auswahlliste *Textmarke* alle Textmarken der Webseite aufgeführt. Wählen Sie die gewünschte Ziel-Textmarke aus und klicken Sie auf *OK*.

6 Testen Sie die Funktion der eingefügten Textmarken direkt wieder im Browser. Wenn alles richtig funktioniert, müssten Sie mit einem Klick auf *zum Seitenende* direkt zum Ende der Webseite springen können.

HYPERLINKS

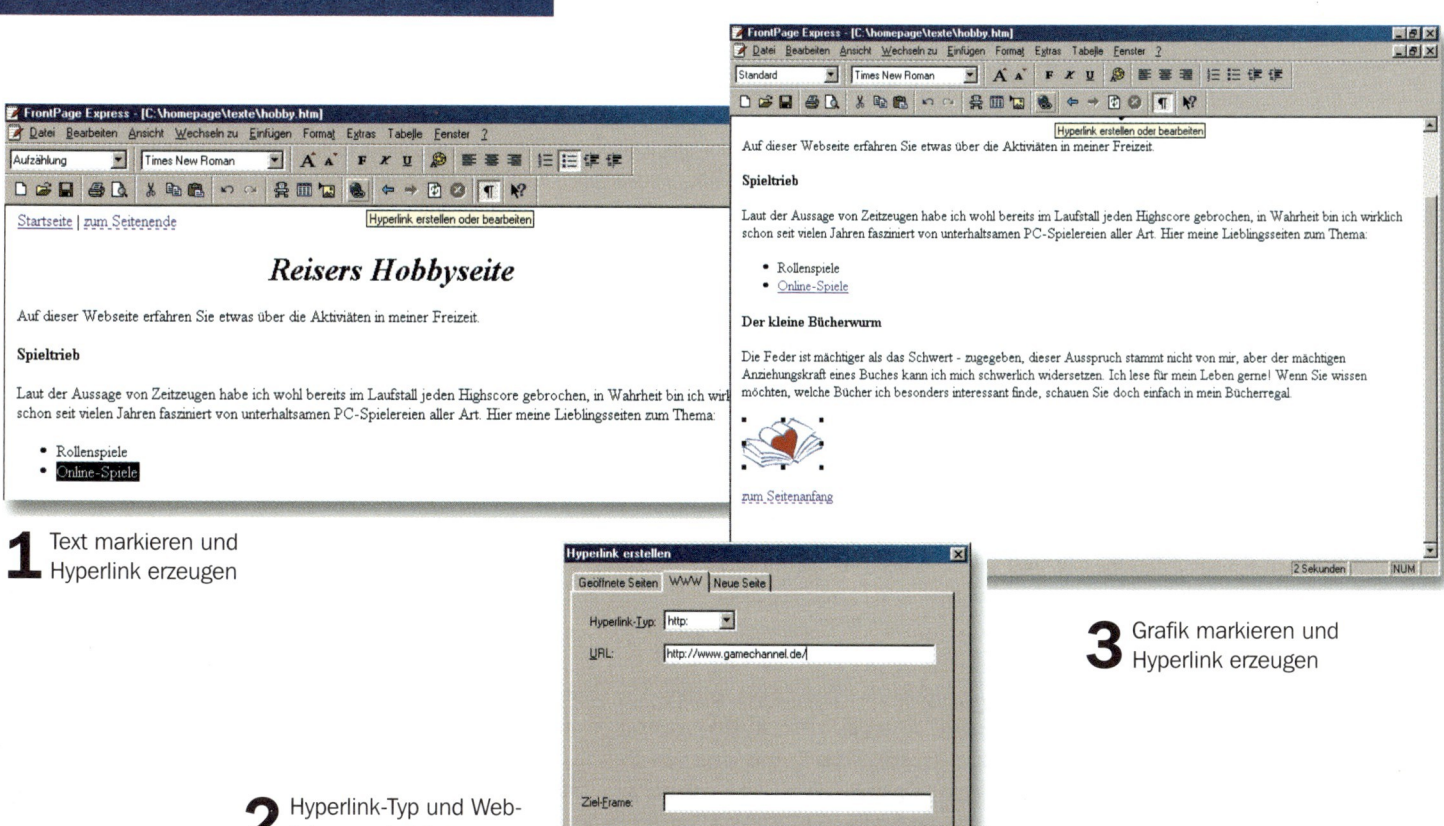

1 Text markieren und Hyperlink erzeugen

2 Hyperlink-Typ und Web-Adresse eingeben

3 Grafik markieren und Hyperlink erzeugen

Bis jetzt haben Sie lediglich erfahren, wie Sie Webseiten innerhalb Ihrer eigenen Web-Präsentation miteinander verknüpfen. Darüber hinaus können Sie selbstverständlich auch Hyperlinks zu Webseiten anderer Anbieter in Ihre eigenen Webseiten einbinden.

1 Markieren Sie das Textelement, das als externer Hyperlink definiert werden soll, und klicken Sie in der Symbolleiste auf die Schaltfläche *Hyperlink erstellen oder bearbeiten*.

2 Auf der Registerkarte *WWW* wählen Sie in der Auswahlliste *Hyperlink-Typ* den Eintrag *http://* und geben in der Eingabezeile *URL* die gewünschte Web-Adresse als Zielkoordinate für den Hyperlink an. Klicken Sie auf *OK*.

! Stellen Sie eine Online-Verbindung her und testen Sie auch diesen Hyperlink – Sie gelangen umgehend auf die Webseite, die Sie im Dialog *Hyperlink erstellen* als URL angege-ben haben. Sie können in dieses Eingabefeld jede beliebige URL einfügen, die Sie zuvor aus der Adresszeile Ihres Web-Browsers kopiert haben – das erspart unnötige Tipparbeit und ist weniger fehleranfällig.

3 Sie können nicht nur Textelemente als Hyperlinks festlegen, sondern auch jede beliebige Grafik auf Ihren Webseiten als Hyperlink definieren.

4 Markieren Sie die Grafik, die als Hyperlink genutzt werden soll. Klicken Sie auch dann wieder auf die Schaltfläche *Hyperlink erstellen oder bearbeiten* und nehmen im nachfol-genden Dialog die gewünschten Einstellungen vor.

5 In Ihrem Web-Browser kann diese Grafik nun angeklickt werden und funktioniert in der gleichen Weise wie die Textlinks. Der Statusleiste Ihres Browsers entnehmen Sie, mit welcher Webseite dieser Hyperlink verknüpft ist.

! Erstellen Sie kleine Grafiken für Ihre Webseiten, können Sie diese mit Hilfe von Hyperlinks als Navigationselemente benutzen und müssen sich nicht auf Textlinks beschränken.

TABELLEN

Tabellen bestehen aus Zeilen und Spalten, wobei der Schnittpunkt als Zelle definiert ist. Sie kennen Tabellen wahrscheinlich bereits von Ihrer Arbeit mit anderen Windows-Anwendungen. Mit Tabellen können beispielsweise in Textverarbeitungsprogrammen längere Listen nicht nur übersichtlich, sondern auch raffiniert gestaltet werden. Tabellenkalkulationsprogramme wie Excel sind spezialisiert auf die Berechnung von Werten innerhalb einer Tabelle.

Diese Funktionalität ist allerdings nicht der Zweck von Tabellen auf Webseiten. Hier werden Tabellen, neben der Darstellung tabellarischer Daten, in erster Linie als gestalterisches Hilfsmittel eingesetzt.

Im Gegensatz zu Tabellen einer Tabellenkalkulation, in die normalerweise vor allem Texteinträge, Zahlen, Ziffern und Formeln eingetragen werden, können Sie Tabellen auf Webseiten nutzen, um z. B. Grafiken an bestimmten Stellen zu platzieren oder Ihre Webseite in mehrere Spalten aufzuteilen. Gerade wer komplexe Inhalte auf seiner Homepage darstellen will oder muss, für den sind Tabellen oft das einzige Hilfsmittel.

TABELLEN

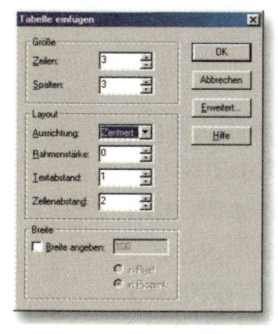

1 Anzahl Zeilen und Spalten festlegen

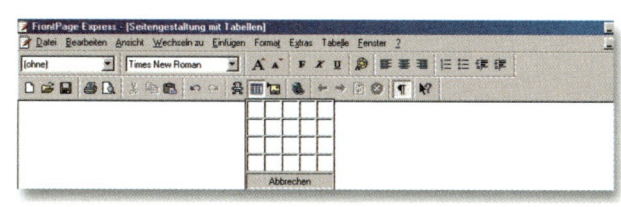

3 Symbol *Tabelle einfügen* benutzen

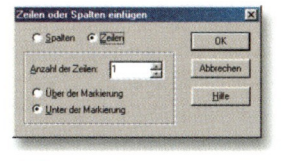

7 Neue Zeilen oder Spalten einfügen

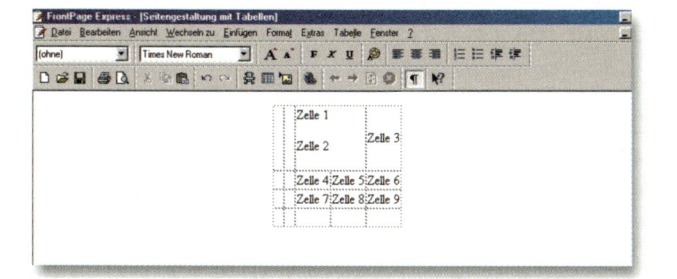

9 Verbundene Zellen

8 Zellen miteinander verbinden

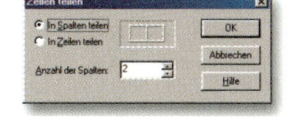

10 Zellen teilen

Tabellen sind – gerade für Anwender ohne HTML-Kenntnisse – eine gute Möglichkeit, den Inhalt der Seite zu strukturieren und anzuordnen. Gerade bei der Bearbeitung von Tabellen zeigt sich der Vorteil eines WYSIWYG-Editors, denn um Tabellen direkt in HTML zu codieren, ist ein relativ hoher Abstraktionsgrad erforderlich. Um eine erste Tabelle in eine Webseite einzufügen, gehen Sie folgendermaßen vor:

1 Wählen Sie *Tabellen > Tabelle einfügen* in der Menüleiste, um den Dialog *Tabelle einfügen* zu öffnen. Im Bereich *Größe* geben Sie die gewünschte Anzahl *Zeilen* und *Spalten* ein, die Ihre Tabelle enthalten soll. Klicken Sie auf *OK*.

2 Die Tabelle wird an der Position des Cursors in die Webseite eingefügt und sieht recht klein und unscheinbar aus.

3 Alternativ klicken Sie in der Symbolleiste auf die Schaltfläche *Tabellen einfügen*. Halten Sie die Maustaste gedrückt und ziehen Sie den Mauszeiger über die Anzahl von Kästchen, die der gewünschten Anzahl von Zellen entspricht, die Sie erzeugen wollen.

4 Klicken Sie nun in eine Zelle und geben Sie einen beliebigen Text ein, um die Tabelle mit Inhalt zu füllen. Sie bemerken, dass sich die Größe der Zelle automatisch an den Text anpasst.

5 Damit eine Tabelle bearbeitet werden kann, müssen die gewünschten Bereiche zuvor markiert werden. Um ganze Zeilen oder Spalten zu markieren, bewegen Sie die Maus auf eine der Randlinien, bis der Mauszeiger als kleiner schwarzer Pfeil dargestellt wird, und klicken.

6 Halten Sie beim Markieren die Taste Strg gedrückt, können Sie einzelne Tabellenbereiche gezielt markieren.

7 Neue Zeilen oder Spalten fügen Sie ein, indem Sie den Cursor an der gewünschten Stelle platzieren und *Tabellen > Zeilen oder Spalten einfügen* wählen. Bestimmen Sie die Anzahl der neuen Elemente und klicken Sie auf OK.

8 Damit Zellen miteinander verbunden werden können, müssen mindestens zwei Zellen markiert sein.

9 Wählen Sie dann *Tabellen > Zellen verbinden*. Da sich in der neuen Zelle zwei Absätze befinden, vergrößert sich die Darstellung entsprechend.

10 Den umgekehrten Weg nehmen Sie über *Tabellen > Zellen teilen*. Im Dialog *Zellen teilen* entscheiden Sie, ob in Spalten oder Zeilen getrennt werden soll, bestimmen die Anzahl der Unterteilungen und klicken dann auf *OK*.

TABELLEN

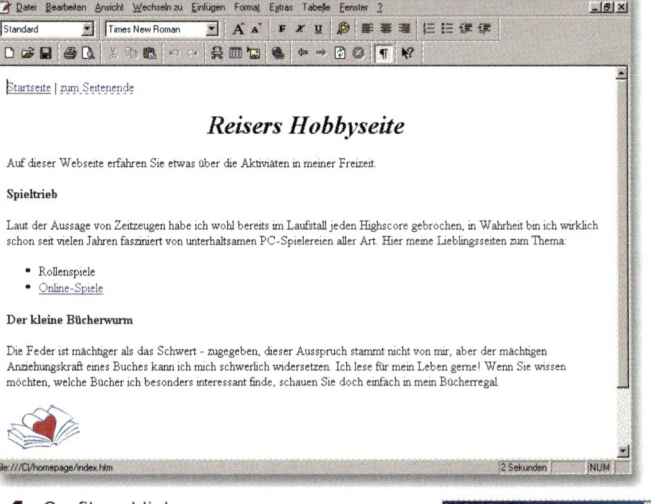

1 Grafik anklicken

2 Tabelle einfügen

3 Tabellengröße und -ausrichtung festlegen

5 Hintergrundbild verwenden

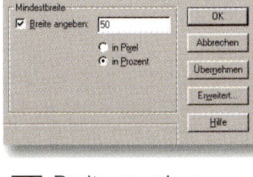

7 Breite angeben

8 Zellen verbinden und Überschrift eingeben

Tabellen sind eines der wichtigsten gestalterischen Hilfsmittel, die Sie auf Ihren Webseiten nutzen können. Auf der Hobbyseite von Frank Reiser werden die Besucher dazu eingeladen, einen Blick in sein Bücherregal zu werfen. Nachfolgend wird dieses »Bücherregal« mit Hilfe einer Tabelle erstellt. Zuerst lernen Sie die Optionen der Tabelleneigenschaften kennen, die Gültigkeit für die gesamte Tabelle besitzen. Erst danach passen Sie die Zelleigenschaften Ihren Wünschen gemäß an.

1 In diesem Beispiel dient die Grafik auf »Reisers Hobbyseite« als Ausgangspunkt. Ein Hyperlink führt auf die Webseite *buecher.htm*, wo der Besucher das besagte »Bücherregal« finden kann.

2 Öffnen Sie eine neue Webseite. Klicken Sie in der Menüleiste auf *Tabelle > Tabelle einfügen*.

3 Im Bereich *Größe* des Dialogs *Tabelle einfügen* geben Sie im Eingabefeld *Zeile* den Wert »4« und unter *Spalten* den Wert »2« ein. Weiter bestimmen Sie im Auswahlfeld *Ausrichtung*, dass die Tabelle *Zentriert* dargestellt werden soll. Klicken Sie auf *OK*.

4 Die Tabelle wird gemäß Ihren Vorgaben auf der Webseite eingefügt. Mit einem Klick der *rechten*

Maustaste auf eine beliebige Stelle innerhalb der Tabelle wählen Sie im Kontextmenü den Eintrag *Tabelleneigenschaften*.

5 Aktivieren Sie im Dialog *Tabelleneigenschaften* die Option *Hintergrundbild verwenden*, können Sie den Hintergrund der Tabelle mit einer Grafik hinterlegen. Um die Tabelle farblich zu gestalten, nehmen Sie im Listenfeld *Hintergrundfarbe* bzw. *Rahmen* die gewünschte Einstellung vor.

6 Im Bereich *Layout* bestimmen Sie, neben der *Ausrichtung* der Tabelle, die *Rahmenstärke*. Werden Tabellen zur Seitengestaltung eingesetzt, wird dieser Wert auf »0« gestellt, sodass die Tabelle im Browser nicht sichtbar ist. Geben Sie unter *Textabstand* den Wert »0« und unter *Zellabstand* den Wert »5« an.

! Wollen Sie, dass die Zellen einer Tabelle ineinander übergehen, müssen Sie die Werte für *Textabstand* und *Zellabstand* auf Null setzen.

7 Im Bereich *Mindestbreite* markieren Sie das Optionsfeld *Breite angeben*, tragen in der Eingabezeile den Wert »50« ein, aktivieren die Option *in Prozent* und klicken auf *OK*.

! Bei einem Wert von 50 Prozent nimmt die Tabelle immer die Hälfte des verfügbaren Anzeigebereichs des Browsers in Anspruch.

8 In der ersten Zeile soll nun eine Überschrift *Ebene 5* platziert werden. Verbinden Sie die Zellen der oberen Zeile über *Tabellen > Zellen verbinden* und geben Sie einen Text ein.

TABELLEN

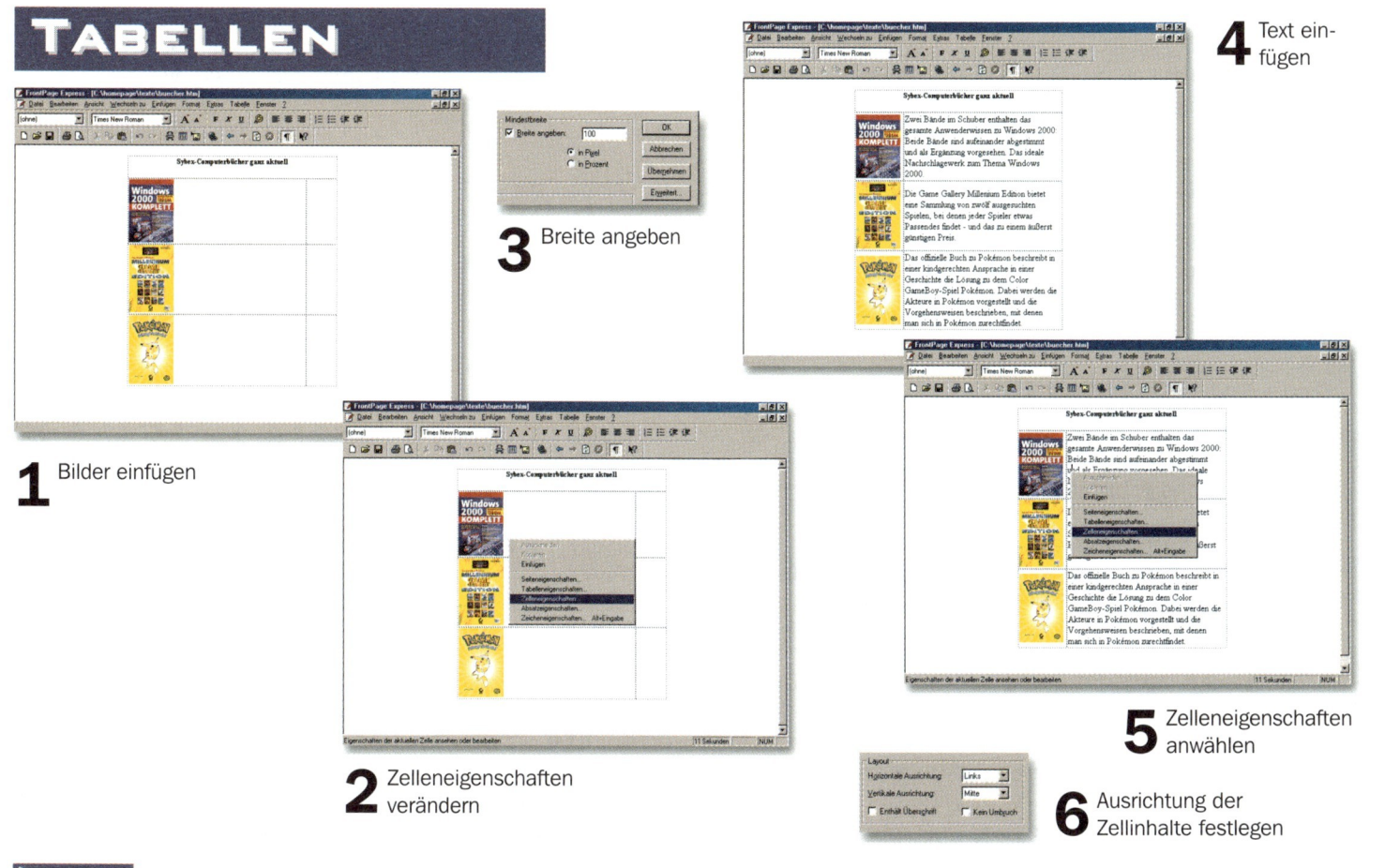

1 Bilder einfügen

2 Zelleneigenschaften verändern

3 Breite angeben

4 Text einfügen

5 Zelleneigenschaften anwählen

6 Ausrichtung der Zellinhalte festlegen

Neben den Optionen zur Gestaltung der gesamten Tabelle haben Sie die Möglichkeit, die Eigenschaften einzelner Zellen anzupassen.
Diese Möglichkeit ist immer dann wichtig und kommt dann zum Tragen, wenn die Inhalte der Tabellenzellen entweder unterschiedlich lang sind, oder wenn innerhalb der Zellen unterschiedliche Formate (z. B. Texteinträge und Grafiken) gemischt werden sollen.

1 Fügen Sie in der linken Spalte über *Einfügen > Bild* jeweils drei Grafiken in die Tabelle ein.

2 Die Spaltenbreite hat sich verändert. Um dies zu korrigieren, klicken Sie mit der *rechten* Maustaste auf eine Zelle der linken Spalte und wählen im Kontextmenü den Eintrag *Zelleneigenschaften*.

3 Aktivieren Sie die Option *Breite angeben*, bestimmen Sie einen absoluten Wert von *100 Pixeln* (diese Größe entspricht in etwa den eingefügten Grafiken) und klicken Sie auf

OK. Wiederholen Sie den Vorgang für die rechte Spalte und vergeben Sie den Wert *100 Prozent*.

4 Ihre Tabelle sollte nun wieder recht ordentlich aussehen. Füllen Sie die rechten Spalten nun mit Textinhalten – in diesem Beispiel sind dies Auszüge aus den Inhaltsangaben der auf der linken Seite dargestellten Buchtitel.

5 Klicken Sie mit der *rechten* Maustaste in eine Zelle der rechten Spalte der Tabelle und wählen Sie nochmals *Zelleneigenschaften*.

6 Neben der *horizontalen Ausrichtung* können Sie die *vertikale Ausrichtung* der Zellinhalte bestimmen. In diesem Beispiel wird der Text am oberen Rand in gleicher Höhe mit den Grafiken angezeigt.

! In der unteren Hälfte des Dialogs *Zelleneigenschaften* sehen Sie den Bereich *Spannweite der Zelle*. Anhand dieser Einstellungen können Sie in etwa dieselben Effekte erreichen wie über die Befehle *Zellen teilen* und *Zellen verbinden* – probieren Sie es einfach aus.

TABELLEN

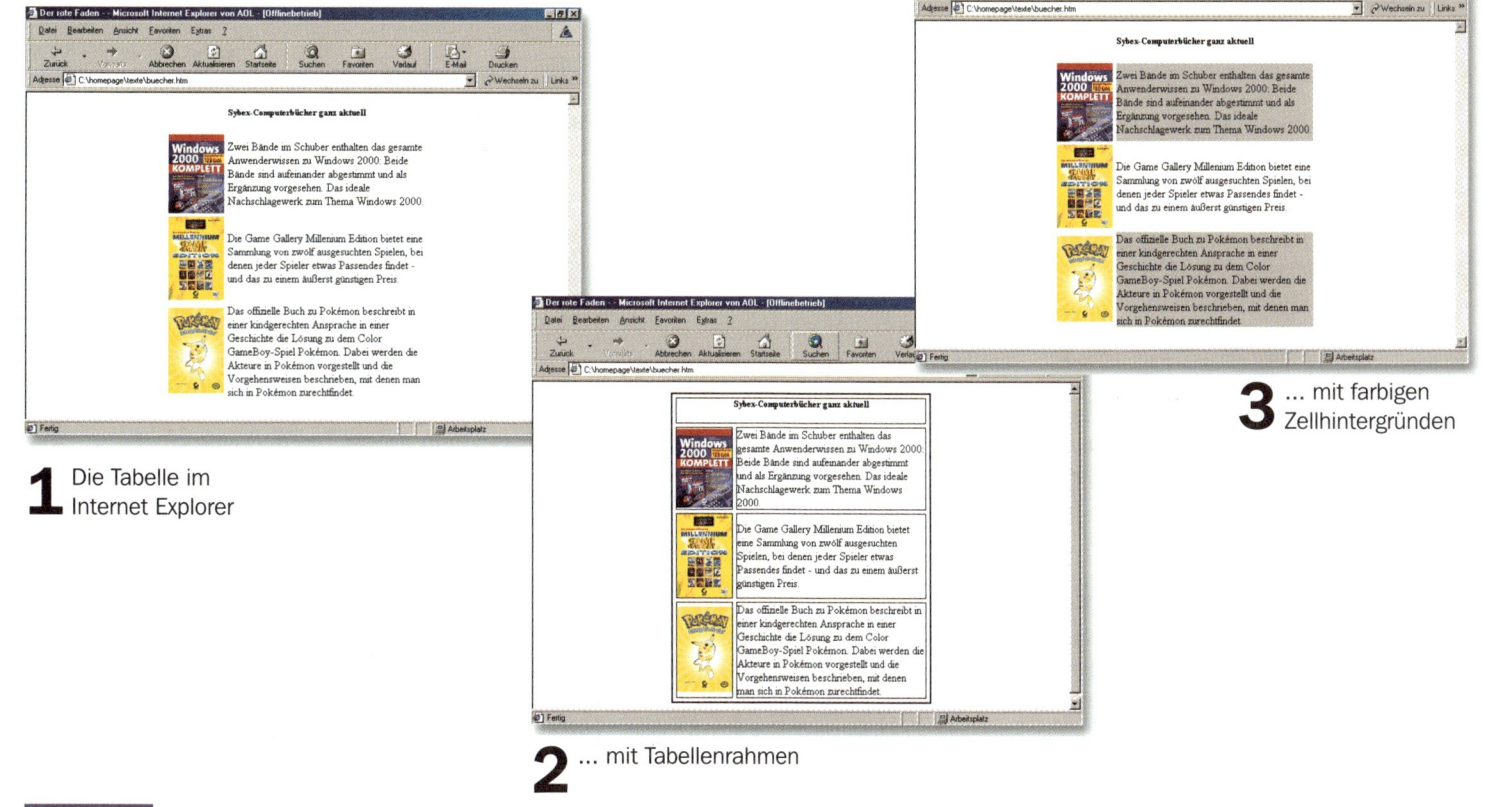

1 Die Tabelle im Internet Explorer

2 ... mit Tabellenrahmen

3 ... mit farbigen Zellhintergründen

Nachdem Sie nun eine Tabelle erstellt, formatiert und mit Inhalten gefüllt haben, sind Sie sicherlich gespannt darauf, wie diese Tabelle im Browser aussehen wird. Falls Sie es noch nicht getan haben, speichern Sie jetzt Ihre Seite, starten Ihren bevorzugten Web-Browser und öffnen die Webseite mit der Tabelle zur Ansicht.

1 So wird der Tabelleninhalt im Internet Explorer dargestellt. Die unsichtbare Original-Tabelle hat ihren gestalterischen Zweck zu 100 Prozent erfüllt. Die Inhalte werden übersichtlich und prägnant dargestellt. Die einzelnen Objekte (Grafik und Text) sind deutlich zuzuordnen; es wird sofort klar, welche Grafik zu welchem Text gehört. Ohne Anordnung in Tabellenform hätten die Objekte bestenfalls untereinander gestanden. Auf diese Weise wäre die Zuordnung schnell verloren gegangen und die Seite hätte an Übersichtlichkeit verloren.

Darüber hinaus hätte eine derartige Anordnung wesentlich mehr Platz in Anspruch genommen und der Besucher der Seite hätte mit der Bildlaufleiste die Seite häufig verschieben müssen, um alle Inhalte auf einem Bildschirm überblicken zu können.

2 Eine Variation mit eingefügten Tabellenrahmen.

3 Eine weitere Variante, bei der zwei Zellhintergründe farblich hinterlegt worden sind. Auf diese Weise wird die Darstellung noch verbessert.

! Für welche Layout-Variante Sie sich letztlich entscheiden, ist sicherlich zu einem großen Teil auch Geschmackssache. Tatsache aber ist, dass Sie mithilfe von Tabellen schnell und einfach tolle Gestaltungseffekte auf Ihren Webseiten erzielen können. Haben Sie keine Hemmungen, die zur Verfügung stehenden Optionen ausgiebig zu testen – schließlich macht die ganze Sache ja auch eine Menge Spaß, oder nicht?

TABELLEN

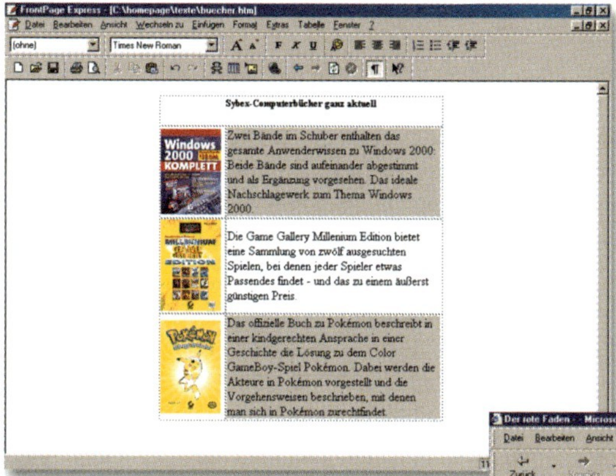

A1 Die Tabelle im Editor

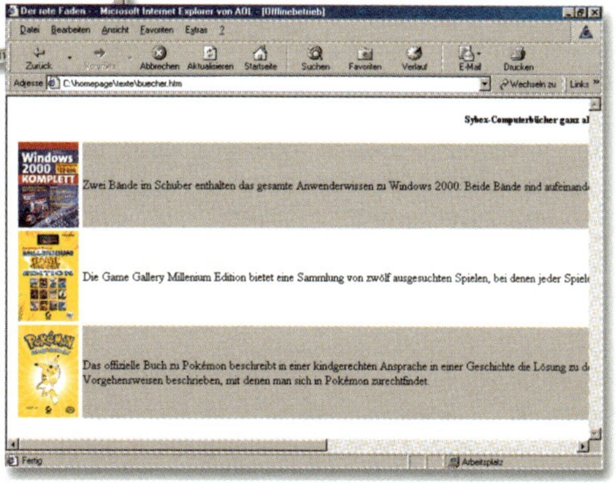

A2 Text läuft aus dem Bildschirmrand

A3 *Kein Umbruch* deaktivieren

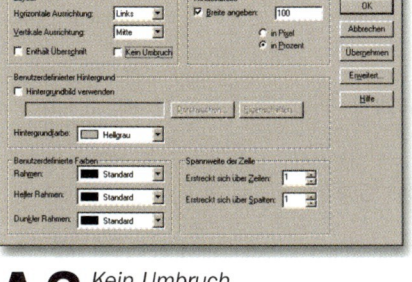

Problem A: Sie haben eine schöne Tabelle angelegt, in der Sie neben einigen Bildern auch Text platziert haben. Im Editor sieht alles gut aus, die Zellen haben die von Ihnen definierte Größe; Bilder und Text sind entsprechend in die Zellen eingebunden.
Nachdem Sie die Seite in Ihren Browser geladen haben, stellt sich die Tabelle allerdings ganz anders dar: lediglich die Grafiken sind noch dort, wo Sie sie platziert haben. Wie von Geisterhand haben sich die Zellen, in denen Text steht, nach rechts verschoben; der Text läuft sozusagen über den Bildschirmrand hinaus. Mit der horizontalen Bildlaufleiste können Sie zwar am Bildschirm scrollen, um den verschwundenen Text sichtbar zu machen; praktikabel oder gar komfortabel ist diese Methode allerdings nicht.

A1 Im Editor sieht die Tabelle noch sehr gut aus. Die Größe der Zellen ist genau abgestimmt, der Text umbricht exakt am rechten Zellenrand.

A2 Im Browser läuft der Text aber plötzlich am rechten Bildschirmrand heraus und Sie müssen die eingeblendete horizontale Bildlaufleiste nutzen, um den Text lesen zu können.

A3 Die Lösung ist auch hierbei nicht schwierig: Rufen Sie den Dialog *Zelleneigenschaften* der betreffenden Textspalte auf, deaktivieren Sie das Optionsfeld *Kein Umbruch* und bestätigen Sie mit *OK*. Der Fehler ist nun behoben.

TABELLEN

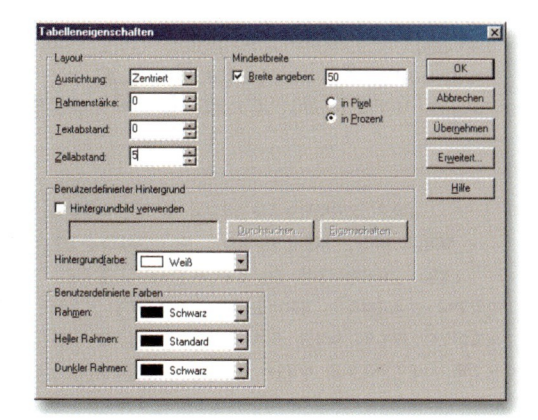

C1 Text und Grafiken stehen zu eng aneinander

C2 Zellabstand erhöhen

Problem B: Beim Einfügen einer neuen Zelle werden andere Zellen gelöscht

B Wenn Sie über *Tabelle > Zelle einfügen* eine neue Zelle in die Tabelle einbinden wollen, müssen Sie darauf achten, dass nicht aus Versehen andere Zellen noch mit einer Markierung versehen sind. Ist dies der Fall, werden die markierten Zellen automatisch und ohne weitere Meldung durch die neue Zelle ersetzt. Auf diese Weise kann eine Tabelle ins Chaos gleiten. Nutzen Sie umgehend die Funktion *Bearbeiten > Rückgängig*, um den Fehler zu korrigieren.

Problem C: Text und Grafiken einer Tabelle »kleben« aneinander.

C1 Sie haben zur Strukturierung einer Webseite eine Tabelle mit Text und Grafiken eingesetzt, sind aber nicht zufrieden damit, dass sich zwischen dem Text und der Grafik kein Freiraum befindet.

C2 Öffnen Sie den Dialog *Tabelleneigenschaften* und prüfen Sie die Angaben in den Eingabefeldern *Text*- bzw. *Zellabstand*. Erhöhen Sie den Wert für den *Zellabstand*, bestätigen Sie den Dialog mit *OK* und schauen Sie sich die Tabelle erneut im Browser an. Eventuell müssen Sie die Werte des Öfteren korrigieren, um den von Ihnen gewünschten Abstand im Browser darstellen zu lassen.

GRAFIKEN

GRAFIKFORMATE
GRAFIKEIGENSCHAFTEN
TEXT UND GRAFIK AUSRICHTEN
KONVERTIERUNG
THUMBNAILS
ANIMIERTE GRAFIKEN
ANIMATIONSSEQUENZ

Nichts gestaltet eine Webseite so lebendig wie geschickt eingesetzte Grafiken und Bilder. Textwüsten sind auf Webseiten nicht gerade gerne gesehen – bunte Bildchen hingegen schon.

Trotzdem: Sie sollten der Versuchung widerstehen, jeden Texteintrag, jede Tabelle oder jeden Link mit einem (meist) nichtssagenden Bild oder einem Clipart zu versehen, denn generell gilt auch bei der Verwendung von Bildern und anderen grafischen Objekten die Devise, dass weniger meist mehr ist.

Grafiken in Webseiten einzubinden, ist nicht besonders schwierig. Etwas komplizierter wird die Sache hingegen, wenn die Grafiken im falschen Dateiformat vorliegen oder erst noch bearbeitet werden sollen. Dennoch benötigen Sie in diesen Fällen nicht zwangsläufig ein »hochgezüchtetes« Bildbearbeitungsprogramm. Die meisten Funktionen lassen sich auch mit Sharewareprogrammen durchführen, die Sie (erst einmal) kostenlos aus dem Web beziehen können. Eines dieser Programme beispielsweise ist die Software PaintShop Pro, mit dem auch in diesem Kapitel gearbeitet wird.

GRAFIKEN

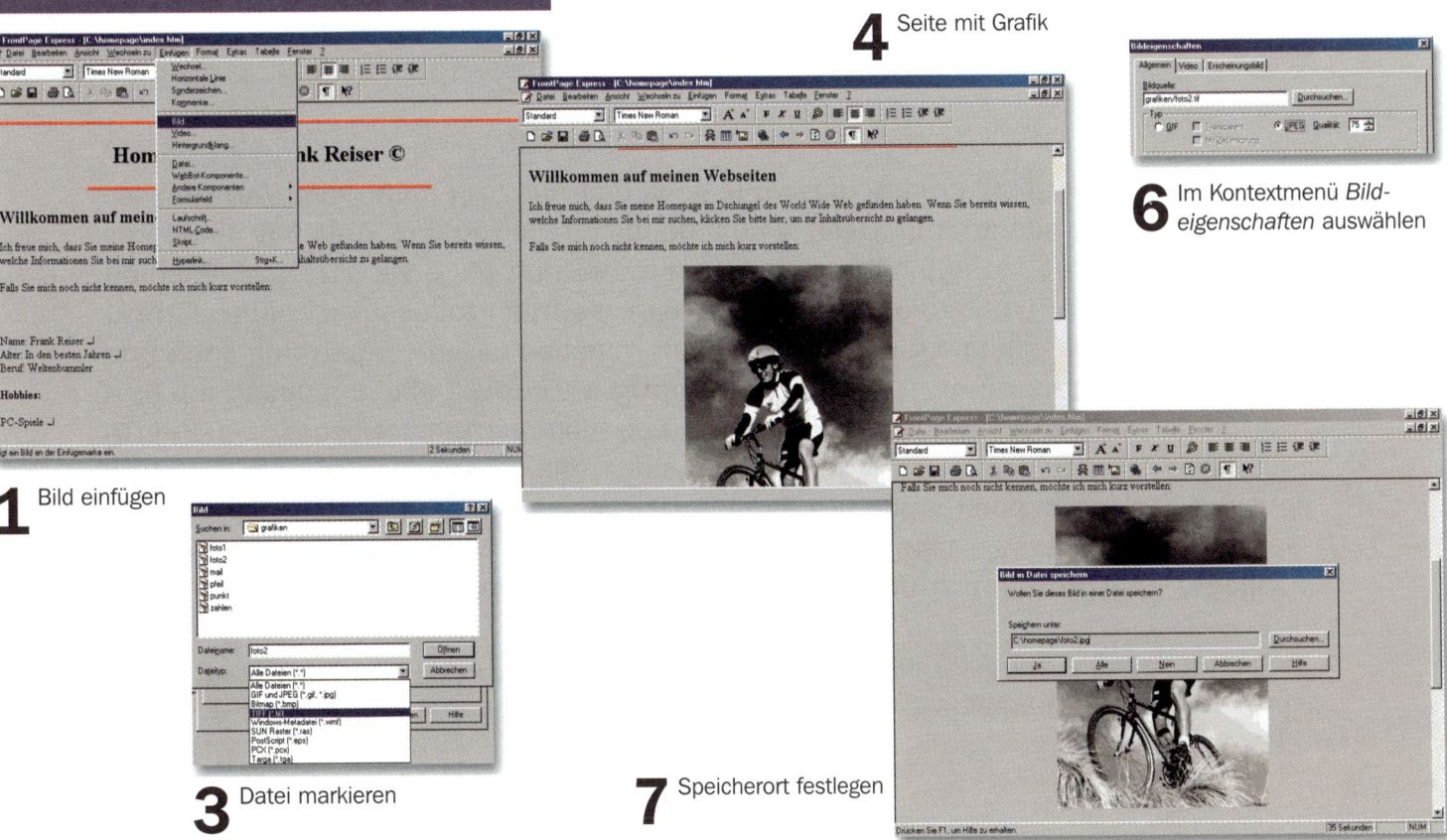

4 Seite mit Grafik

6 Im Kontextmenü *Bild-eigenschaften* auswählen

1 Bild einfügen

3 Datei markieren

7 Speicherort festlegen

Web-Browser sind von Hause aus in der Lage, zwei unterschiedliche Grafikformate, nämlich GIF und JPEG, darzustellen. Letzteres Format zeichnet sich dadurch aus, dass Grafiken extrem komprimiert werden und erst beim Laden ihre volle Kapazität entfalten. Je nach Kompressionsfaktor kann dabei aber die Qualität des Bildes leiden. Wollen Sie eine vorhandene Grafik in Ihre Webseite einbinden, die in einem anderen Format vorliegt, müssen Sie das Bild zuerst konvertieren.

1 Platzieren Sie den Cursor an der Position, an der Sie eine Grafik einfügen wollen. Klicken Sie in der Menüleiste auf *Einfügen > Bild*.

2 Klicken Sie auf die Schaltfläche *Durchsuchen*.

3 In der Auswahlliste *Dateityp* sehen Sie die Grafikformate, die Sie in den Editor laden können. In diesem Beispiel wird eine Grafikdatei im TIF-Format eingelesen. Markieren Sie die gewünschte Datei und klicken Sie auf *Öffnen*.

4 Die Grafik wird an der zuvor definierten Position in die Webseite eingefügt.

5 Klicken Sie die Grafik mit der rechten Maustaste an und wählen Sie im Kontextmenü den Eintrag *Bildeigenschaften* oder drücken alternativ die Tastenkombination [Alt]+[↵].

6 Im Bereich *Typ* bestimmen Sie, ob die Grafik in das GIF- oder JPEG-Format konvertiert werden soll.

! Entscheiden Sie sich für das GIF-Format, können Sie das Optionsfeld *Mit Zeilensprung* aktivieren. Auf diese Weise wird das Bild beim Aufruf im Browser Zeile für Zeile aufgebaut, sodass bereits vor Beendigung des Ladevorgangs der Inhalt zu erkennen ist. Entscheiden Sie sich für das

JPEG-Format, können Sie unter *Qualität* die Kompressionsrate der Grafik einstellen. Experimentieren Sie, um den besten Kompromiss zwischen Dateigröße und Bildqualität zu finden.

7 Klicken Sie nun in der Symbolleiste auf die Schaltfläche *Speichern*. Der Dialog *Bild in Datei speichern* wird geöffnet. Bestimmen Sie den Speicherort für diese Grafik und klicken Sie auf die Schaltfläche *Ja*. Erst jetzt findet die Konvertierung statt.

GRAFIKEN

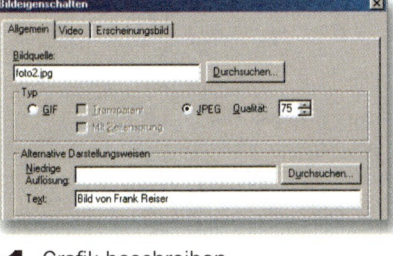

1 Grafik beschreiben

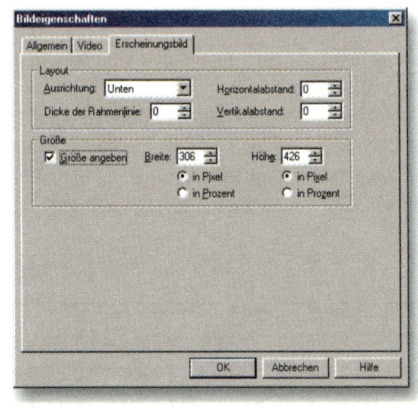

2 Größe angeben

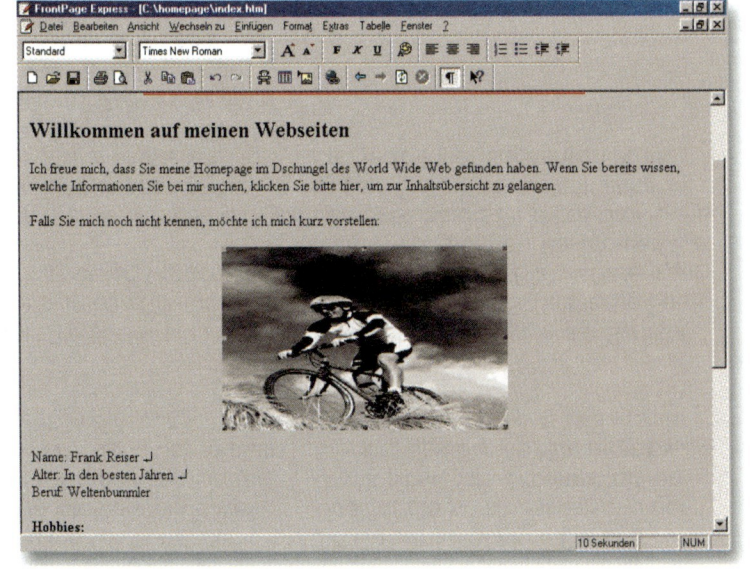

3 Verzerrte Grafik

Nachdem Sie die neue Grafik in Ihre Webseite eingefügt und in das entsprechende Format konvertiert haben, geht es nun daran, einige Anpassungen an dem Bild vorzunehmen.

Diese Anpassungen beziehen sich in erster Linie auf die Qualität und die spätere Darstellungart der eingefügten Grafiken. Verzerrte Bilder beispielsweise führen zwar oftmals zu spaßigen Effekten, sind aber nicht unbedingt gewünscht. Stellen Sie sich einen Hersteller vor, der seine Waren via Webseite als Abbildungen anbietet – in einem solchen Fall ist eine genaue Darstellung der gezeigten Objekte mehr als wünschenswert.

1 Öffnen Sie mittels [Alt]+[↵] den Dialog *Bildeigenschaften*. Geben Sie in der Eingabezeile *Text* eine kurze Beschreibung der Grafik an – in diesem Fall etwa »Bild von Frank Reiser«. Eine solche Bezeichnung hat nicht nur dokumentarischen Wert – wenn ein Besucher der Webseite mit seiner Maus über die Grafik fährt, erscheint später im Browser genau dieser Texteintrag. Mithilfe dieser Methode können Sie Bilder und Grafiken schnell und unkompliziert beschreiben, ohne wertvollen Platz auf Ihrer Seite für eine separate Beschreibung der Grafik zu opfern.

2 Klicken Sie auf die Registerkarte *Erscheinungsbild*. Markieren Sie die Option *Größe angeben* in jedem Fall bei jeder Grafik auf Ihren Webseiten mit einem Häkchen. Die Werte in den Feldern *Breite* und *Höhe* lassen Sie allerdings im Normalfall unverändert.

3 Wenn Sie die Werte in den Feldern *Breite* und *Höhe* der Registerkarte *Erscheinungsbild* verändern, wird die Grafik entsprechend verzerrt dargestellt. In dem Screenshot oben sehen Sie ein Beispiel für eine solche verzerrte Darstellung.

GRAFIKEN

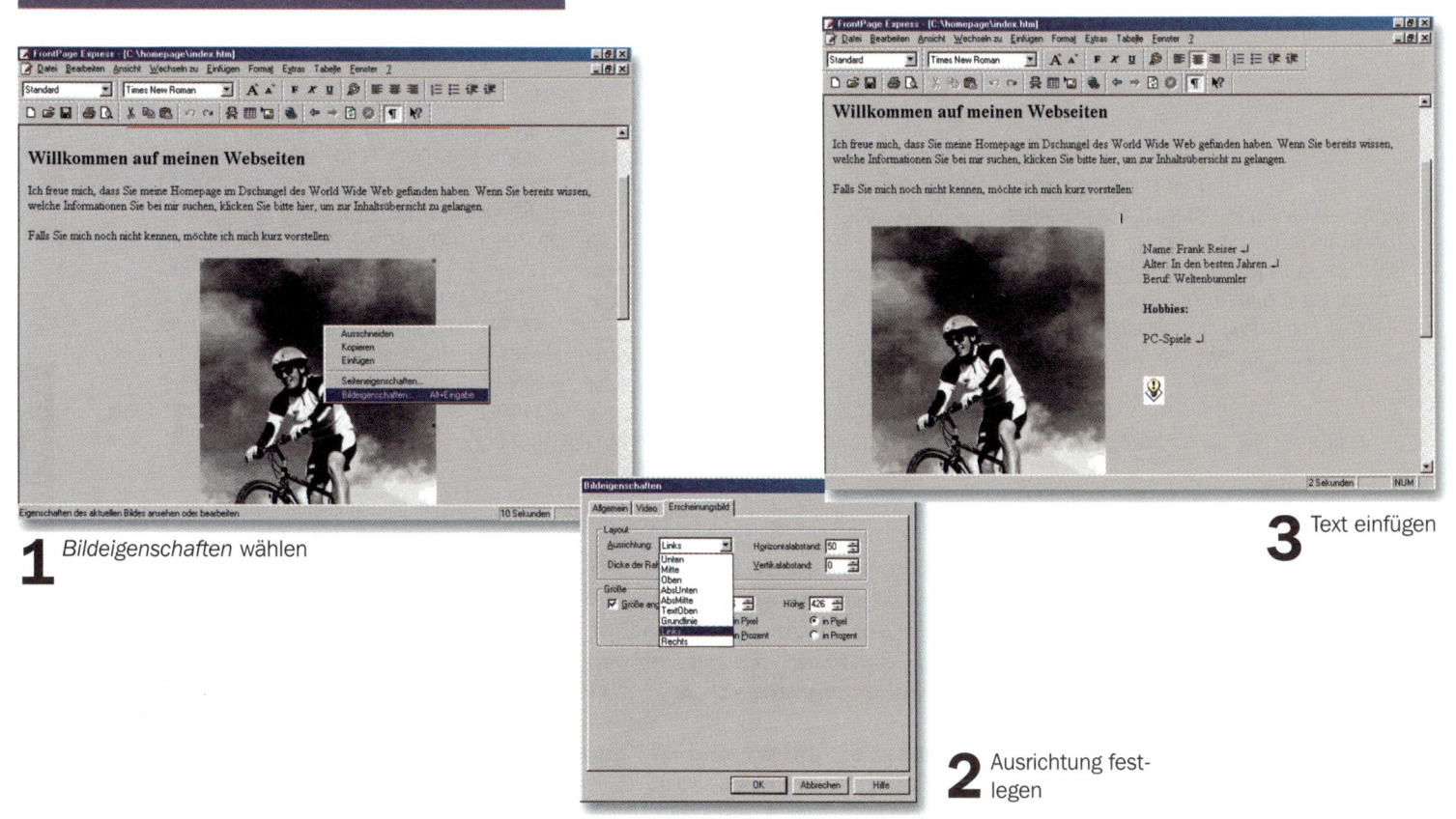

1 *Bildeigenschaften* wählen

2 Ausrichtung festlegen

3 Text einfügen

Im Folgenden geht es um die Platzierung der Grafik auf der Seite. Schließlich wollen Sie ja erreichen, dass die von Ihnen gewählte Abbildung nicht wahllos auf dem Bildschirm erscheint, sondern immer an der selben Position dargestellt wird. Noch wichtiger wird dies, wenn Sie zu dem Bild einen Text definieren, der nicht von der Abbildung getrennt werden sollte. Lernen Sie also einen Weg kennen, um Grafiken und Text auf einer Webseite auszurichten.

1 In diesem Beispiel soll die Grafik auf der linken Seite ausgerichtet werden und rechts daneben ein kurzer Text stehen. Um diese Einstellungen vorzunehmen, klicken Sie mit der *rechten* Maustaste auf die Grafik und wählen erneut *Bildeigenschaften*.

2 Klicken Sie auf die Registerkarte *Erscheinungsbild*, wählen Sie im Auswahlfeld *Ausrichtung* den Eintrag *Links* und geben Sie unter *Horizontalabstand* den Wert »50« ein.

3 Fügen Sie jetzt noch den gewünschten Text rechts von der Grafik in die Webseite ein und speichern Sie diese mit einem Klick auf die Schaltfläche *Speichern* in der Symbolleiste.

4 Überprüfen Sie jetzt wieder die Anzeige mit Hilfe Ihres Web-Browsers.

! Wenn Sie auf diese Weise Text und Grafik auf einer Webseite ausrichten, kann dies mitunter mit viel Herumprobieren verbunden sein. Im Zweifelsfall sollten Sie sich an dieser Stelle immer für den Einsatz einer Tabelle entscheiden. Wie Sie Tabellen anlegen und mit Inhalten füllen ist Thema der letzten Kapitels »Tabellen«.

GRAFIKEN

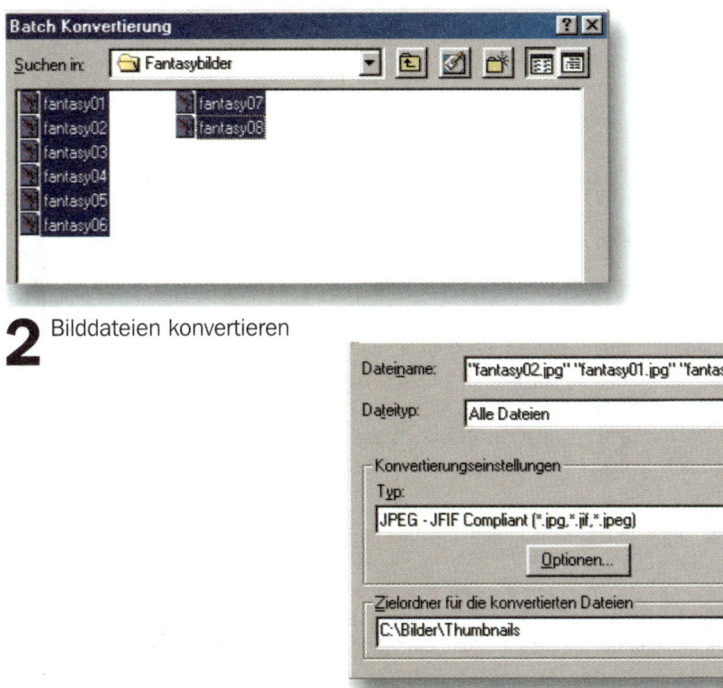

2 Bilddateien konvertieren

3 Konvertierungseinstellungen vornehmen

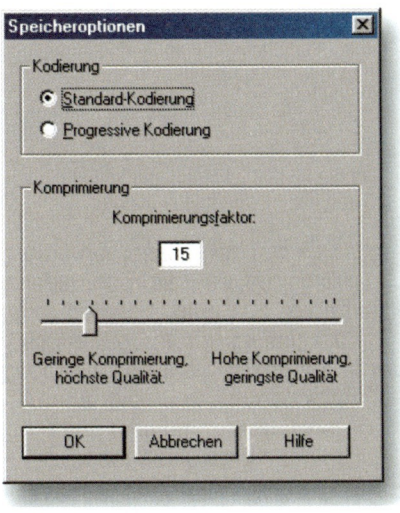

4 Komprimierungsfaktor festlegen

Nicht immer liegen die Grafiken für die Erstellung eines Bildarchivs in dem gewünschten Dateiformat (in diesem Fall JPG) vor. Gerade wenn es sich um eingescannte Urlaubsbilder, Dias oder Bilder Ihrer Digitalkamera handelt, müssen diese zuerst einmal in das richtige Grafikformat konvertiert werden.
Für die nachfolgenden Beispiele verwenden wir als Software das Programm PaintShop Pro, das Sie aus dem World Wide Web downloaden und installieren können.

1 Falls Sie nicht über PaintShop Pro verfügen, können Sie sich die Software aus dem WWW downloaden. Für unser Beispiel arbeiten wir mit der Version 5. Nach der Installation des Programms klicken Sie auf *Start > Programme > Paint Shop Pro 5 > Paint Shop Pro 5*, um das Programm zu starten.

2 Wählen Sie in der Menüleiste *Datei > Batch Konvertierung*. Im Dialog *Batch Konvertierung* markieren Sie die Bilddateien, die konvertiert werden sollen.

3 Anschließend bestimmen Sie im Feld *Typ* das Grafikformat *JPEG - JFIF Compliant*, legen in der unteren Eingabezeile den gewünschten Zielordner für die neuen Bilddateien fest und klicken auf *Start*.

4 Über die Schaltfläche *Optionen* öffnen Sie den Dialog *Speicheroptionen*, in dem Sie Einstellungen zum *Komprimierungsfaktor* vornehmen können. In diesem Beispiel belassen Sie es bitte bei den Vorgaben und klicken auf *OK*.

5 Der Konvertierungsvorgang wird gestartet. Klicken Sie nach Beendigung der Konvertierung auf die Schaltfläche *OK*.

! Auf die hier vorgestellte Weise können Sie schnell und problemlos viele Bilddateien auf einen Streich in ein anderes Grafikformat umwandeln. Diese Funktion bietet sich also nicht nur für die Vorbereitung zur Erstellung von Thumbnails an, sondern kann auch in anderen Fällen wertvolle Dienste leisten.

GRAFIKEN

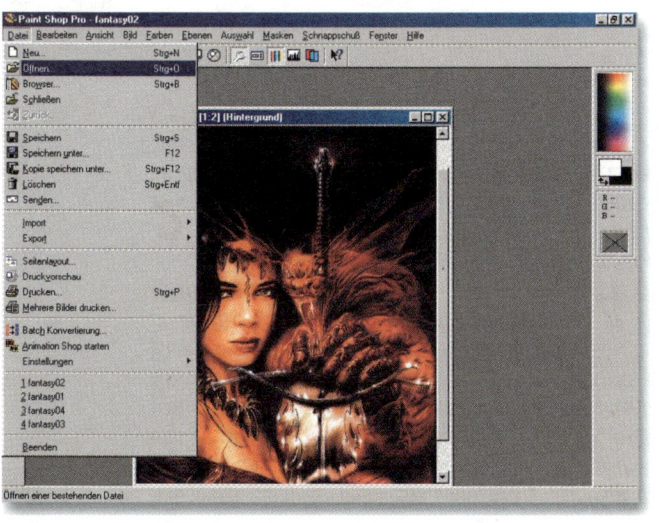

1 Bild öffnen

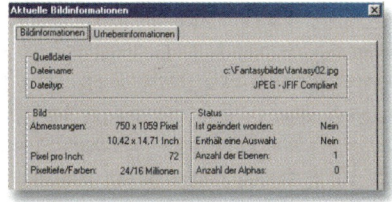

2 Abmessungen notieren

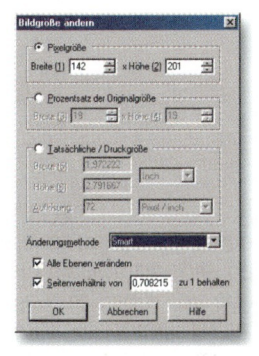

3 Bildgröße einstellen

5 Thumbnails als Hyperlinks

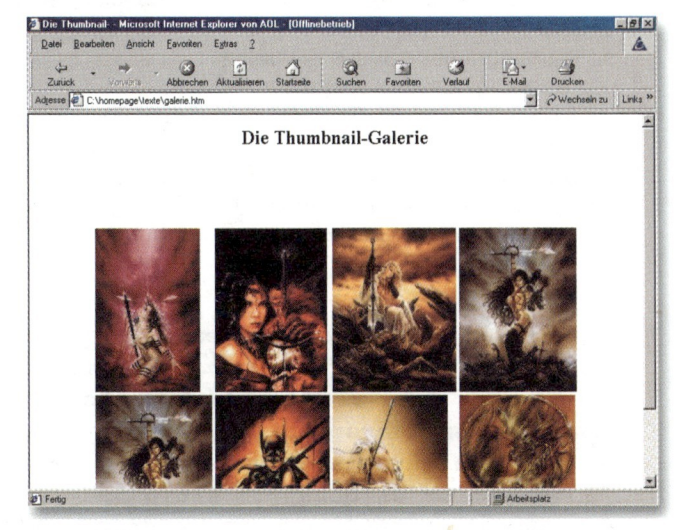

Sie kennen die kleinen Vorschaubilder (engl. Thumbnails) sicherlich bereits von Ihren Reisen durch das World Wide Web. Thumbnails werden immer dann eingesetzt, wenn eine Vielzahl von Bildern - wie in einem Bildarchiv - auf einer Webseite angezeigt werden soll. Klicken Sie auf eine dieser Vorschaugrafiken, wird eine Webseite mit einer vergrößerten Anzeige des Bildes geöffnet. Nachdem Sie eine eventuell notwendige Konvertierung durchgeführt haben, geht es nun daran, die Vorschaubilder für Ihre Webseite zu erstellen.

1 Über *Datei > Öffnen* laden Sie das gewünschte Bild in Paint Shop Pro ein.

2 Öffnen Sie über *Ansicht > Bildinformationen* den Dialog *Aktuelle Bildgröße*. Merken Sie sich die ungefähren Abmessungen des Bildes (hier 590 x 792 Pixel) und schließen Sie den Dialog wieder.

3 Wählen Sie den Menüeintrag *Bild > Bildgröße* oder drücken Sie alternativ ⇧+S. Im oberen Bereich können Sie nun einen absoluten Wert in Pixel (hier 150 x 201) oder eine relative Größe in Prozent für das Vorschaubild definieren.

4 Aktivieren Sie die Optionen *Alle Ebenen verändern* und *Seitenverhältnis von X zu 1 behalten*, damit alle Bildbereiche angepasst und das Verhältnis zwischen Breite und Höhe des Bildes gewahrt bleibt. Klicken Sie anschließend auf die Schaltfläche *OK*, um diese Einstellungen zu übernehmen. Speichern Sie die Vorschaugrafik unter neuem Namen ab.

5 Auf diese Weise erstellte Thumbnails binden Sie in die gewünschte Webseite als Vorschauoption ein, indem Sie einen Hyperlink für jede dieser Grafiken definieren, der mit einer Webseite verknüpft ist, auf der das große Pendant des Bildes angezeigt wird. Ein Mausklick genügt, um von dem Thumbnail (hier verschiedene Größen) ...

6 ... eine großflächige Anzeige auf einer gesonderten Webseite zu erhalten. Auf diese Weise lassen sich verschachtelte Bildarchive erzeugen, welche die Besucher Ihrer Webseiten nicht mit unnötig langen Wartezeiten beim Ladevorgang der großen Bilder belästigen.

! Die bestmögliche Darstellungsform für die Anzeige von Thumbnails ist natürlich die Verwendung einer entsprechenden Tabelle (siehe letztes Kapitel).

GRAFIKEN

1 Neues Bild festlegen

4 Quadrat mit weißer Farbe füllen

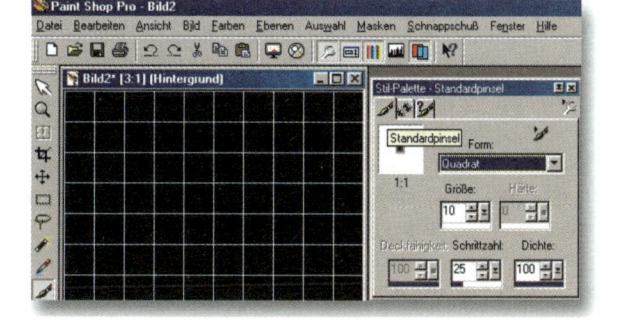

3 Pinseleigenschaften bestimmen

6 Zweites Quadrat weiß färben

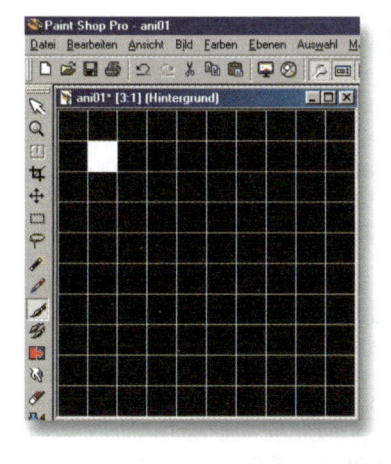

7 Letztes Quadrat rechts unten

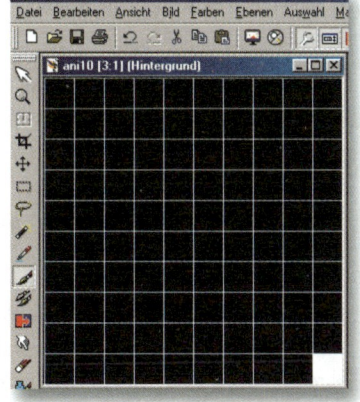

Es gibt kaum noch eine Webseite, die nicht in irgendeiner Form in Bewegung ist und einen dynamischen Eindruck vermittelt. Gerade im Bereich der so genannten Banner-Werbung werden sehr häufig animierte Grafiken im GIF-Format eingesetzt. Nachfolgend erfahren Sie anhand eines simplen Beispiels, wie Sie solche animierten Grafiken selbst erstellen können.

1 Starten Sie Paint Shop Pro. Wählen Sie in der Menüleiste den Eintrag *Datei > Neu*. Im Dialog *Neues Bild* nehmen Sie die Einstellungen wie aus der Abbildung ersichtlich vor und klicken auf *OK*.

2 Klicken Sie in der Symbolleiste am linken Rand auf die Schaltfläche *Zoom*, bewegen Sie den Mauszeiger auf das Bild und klicken Sie zweimal in das Bild hinein, um es im Verhältnis 3:1 zu vergrößern.

3 Mit Hilfe des Befehls *Ansicht > Raster* legen Sie zur besseren Orientierung ein Rastergitter über das Bild. Klicken Sie nun in der Symbolleiste auf die Schaltfläche *Pinselwerkzeuge*. Im Register *Standardpinsel* der *Stil-Palette* wählen Sie im Listenfeld *Form* den Eintrag *Quadrat* und bestimmen eine *Stärke* von »10«.

! Ist die Stil-Palette nicht auf dem Bildschirm zu sehen, klicken Sie in der Menüleiste auf den Eintrag *Ansicht > Leisten und Paletten* und markieren im nachfolgenden Dialog den Eintrag *Stil-Palette* mit einem Häkchen, um diese einzublenden.

4 Führen Sie den Pinsel in die Mitte des oberen linken Rasterquadrats und klicken Sie erneut auf die linke Maustaste. Das Quadrat sollte nun vollständig mit weißer Farbe gefüllt sein.

5 Öffnen Sie über *Datei > Speichern unter* den gleichnamigen Dialog, erstellen Sie einen neuen Dateiordner *animation* und speichern Sie diese Grafik unter der Bezeichnung *ani01.gif* in diesem Ordner ab.

6 Entfernen Sie jetzt mit Hilfe der *rechten* Maustaste die weiße Farbe aus dem Quadrat und färben Sie das diagonal rechts darunter befindliche Feld mit weißer Farbe. Wählen Sie *Datei > Speichern unter* und legen Sie die Grafik als *ani02.gif* im Ordner *animation* ab.

7 Wiederholen Sie diese Prozedur, bis Sie zur unteren rechten Ecke vorgestoßen sind. Im Ordner *animation* sollten sich nun die Dateien *ani01.gif* bis *ani10.gif* befinden. Beenden Sie Paint Shop Pro.

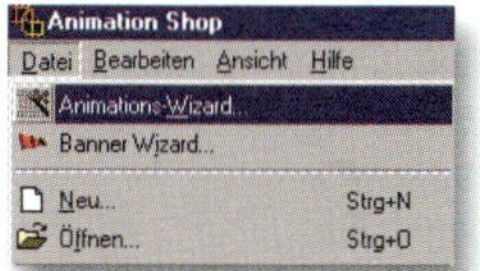

GRAFIKEN

2 Animations-Wizard starten

3 Bilder in Animation einfügen

4 Dateien öffnen

5 Einzelbilder der Animation

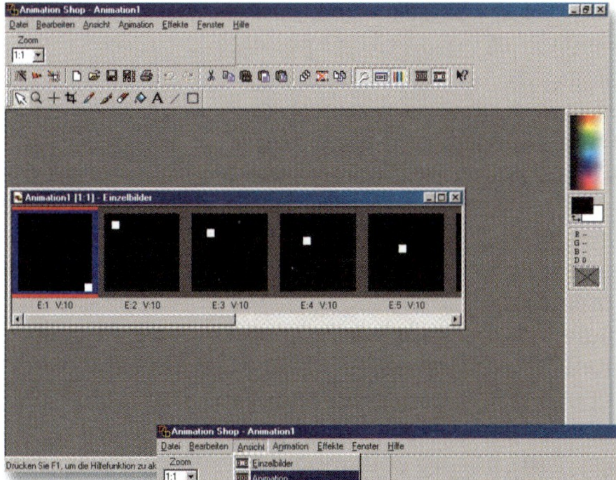

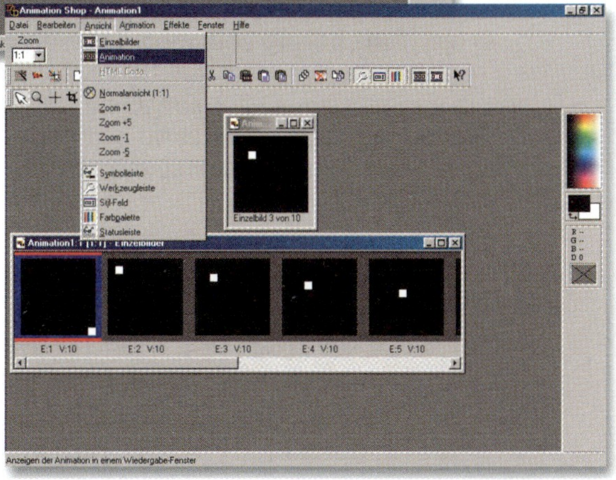

6 Animation abspielen

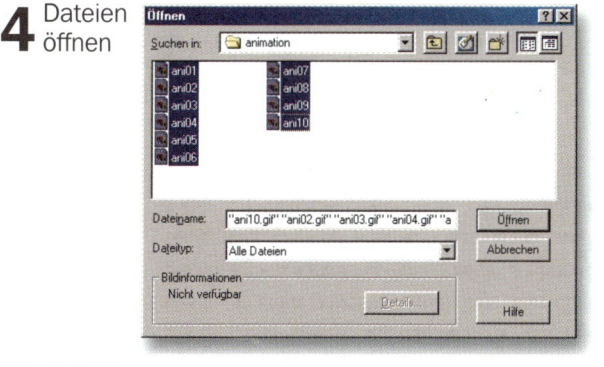

Sie ahnen sicher bereits, worin der Sinn dieser Übung bestand. Sie haben soeben die Einzelgrafiken für eine erste (wenn auch zugegeben recht schlichte) Animation erzeugt. Nun geht es daran, die eigentliche Animationssequenz zu erzeugen.

1 Paint Shop Pro in der Version 6 verfügt wieder über ein kleines Zusatz-Tool, mit dem diese Animationsphasen festgelegt werden können. Starten Sie das Programm über *Start > Programme > Paint Shop Pro 6 > Animation Shop 2*.

2 Klicken Sie in der Menüleiste des Animation Shop auf *Datei > Animations-Wizard*.

3 Bestätigen Sie die ersten vier Dialogfenster des Animation Wizard einfach mit *Weiter*, ohne die Einstellungen zu verändern. Im fünften Dialog klicken Sie auf die Schaltfläche *Bild hinzufügen*.

4 Wählen Sie den Ordner *animation* aus, markieren Sie die Dateien *ani01.gif* bis *ani10.gif* und klicken Sie auf *Öffnen*.

5 Wählen Sie *Weiter* und klicken Sie im darauf folgenden Dialog auf die Schaltfläche *Fertig stellen*. Sie befinden sich wieder im Hauptfenster und sehen einige Grafiken, die Ihnen bekannt vorkommen müssten.

6 Klicken Sie auf *Ansicht > Animation*, wird ein kleines Anzeigefenster eingeblendet, in dem Sie Ihre erste selbst erstellte GIF-Animation bewundern können. Diese Animation können Sie als GIF-Datei abspeichern und an beliebiger Stelle auf Ihrer Homepage einbinden.

7 Im Unterordner *Anims*, den Sie über *Datei > Öffnen* im Hauptverzeichnis von Paint Shop Pro 6 finden, sind einige professionelle Beispiele gespeichert. Schauen Sie sich z. B. einmal die Datei *bttrfly.gif* etwas genauer an.

! Wenn Sie Gefallen an dieser Art von Animationen finden und gerne mit weiteren Funktionen experimentieren möchten, sollten Sie einen Blick in das Menü *Effekte* riskieren. Dort können Sie neben einfachen Textübergängen interessante Überblendeffekte für Ihre Animation auswählen.

COUNTER BEI AOL
LAUFSCHRIFTEN
FRAMES
ANZEIGEFENSTER UND FRAMESET
FRAME-SEITE TESTEN

HILFSMITTEL

Es gibt einige Gestaltungsmöglichkeiten, die eine Homepage ohne großen Aufwand aufwerten. In diesem Kapitel stellen wir Ihnen drei Funktionen vor, die ein Gewinn für Ihre Webseite sein könnten: den Zugriffszähler (Counter), die Laufschrift und Frames. Das erste Hilfsmittel ist eine gute Kontrolle für Sie, wie oft Ihre Seite besucht wird. Das Ergebnis kann Sie dazu veranlassen zu überdenken, ob Sie beispielsweise etwas an der Gestaltung Ihrer Seite verändern sollten, oder ob Sie alle Möglichkeiten ausgeschöpft haben, Ihre Webseite in Suchmaschinen zu publizieren.

Das zweite Element ist ein reines Gestaltungskriterium. Denken Sie daran, dass es nicht unbedingt sinnvoll (und erforderlich) ist, Ihre Seite mit technischen Spielereien »aufzupeppen«. Für Neulinge im WWW wird eine solche Seite vielleicht noch aufregend sein, gestandene Surfer aber werden sich wahrscheinlich nur gähnend zurücklehnen, weil derartige Spielereien auch die Ladezeiten der Seite erhöhen.

Das dritte Element, Frames und Framesets, hingegen ist weniger technischer Schnickschnack als eine Möglichkeit, Ihre Seite zu strukturieren und übersichtlich zu gestalten – vor allem dann, wenn Sie viel Inhalt zu unterschiedlichen Themen darstellen wollen.

HILFSMITTEL

1 Text schreiben

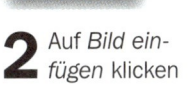

2 Auf *Bild einfügen* klicken

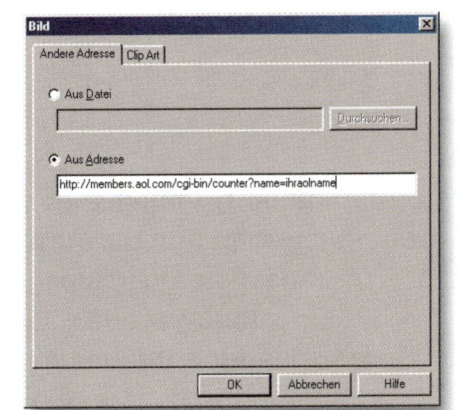

3 Adresse einfügen

4 Der fertige Zähler

Zugriffszähler, meistens *Counter* genannt, sind sehr beliebt bei Homepage-Bastlern. Mit einem solchen Counter können Sie immer genau nachvollziehen, wie viele Besucher Ihre Homepage hatte. Bei so viel Mühe, die Sie sich mit Ihren Webseiten gegeben haben, sollten Sie sich dieses Erfolgserlebnis gönnen. AOL stellt Ihnen einen Counter zur Verfügung, der einfach als eine Grafik in Ihre Homepage eingefügt wird. Jedesmal, wenn ein Besucher Ihre Homepage aufruft, wird diese Grafik neu erzeugt und die Zahl um eins erhöht. Ihrem Webspace bei AOL wird eine Datei mit dem Namen *.odometer* hinzugefügt, der die aktuelle Zugriffszahl speichert. Wenn Sie diese Datei löschen, beginnt der Zähler wieder bei Null.

1 Öffnen Sie in FrontPage Express das Dokument, auf dem Sie einen Counter einbauen möchten, und geben Sie die Zeile »Sie sind Besucher Nr.« ein. Formatieren Sie die Zeile mit der Schriftart *Arial* und rücken Sie sie zentriert ein.

2 Fügen Sie eine Leerzeile ein und klicken Sie anschließend auf das Symbol *Bild einfügen*.

3 Aktivieren Sie die Option *Aus Adresse* und geben Sie die Web-Adresse http://members.aol.com/cgi-bin/counter?name=ihraolname ein. Für *ihraolname* fügen Sie Ihren AOL-Namen ein. Klicken Sie auf *OK*.

! Möglicherweise versucht FrontPage Express nun, eine Internet-Verbindung herzustellen. Brechen Sie diesen Vorgang aber ab.

4 Sobald Sie die Webseite mit dem Counter auf Ihren Webspace hochgeladen haben (siehe Kapitel »Werbung«), wird er aktiv. Beim Aufrufen der Seite wird der Zähler um eins erhöht.
Denken Sie daran, dass Sie Maßnahmen ergreifen können (und sollten), falls Sie der Meinung sind, dass Ihre Webseite zu selten besucht wird. Auch für diesen Fall finden Sie im o. g. Kapitel weitere Informationen.

HILFSMITTEL

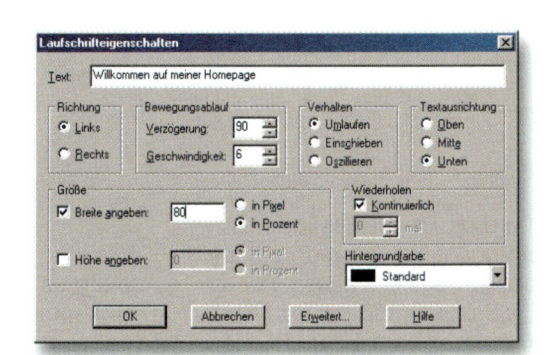

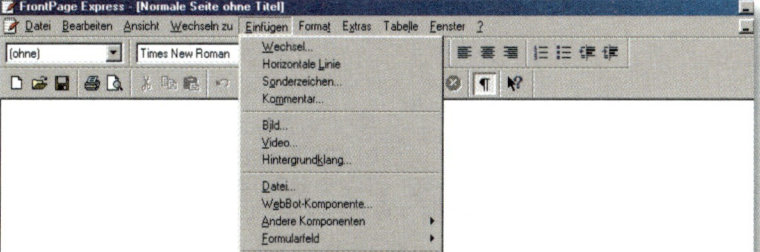

2 Text und Größe angeben

1 Untermenü *Laufschrift* auswählen

3 Ansicht in FrontPage Express

4 ... und im Internet Explorer

Laufschriften waren in den 80er-Jahren ein beliebtes Dekorationsmittel in Schaufenstern. Mittlerweile hat man sich daran satt gesehen und sie sind fast verschwunden. Mit Laufschriften in Webseiten ist es ähnlich. Konnte anfangs kaum eine Homepage ohne sie auskommen, werden sie heute nur noch selten eingesetzt. Damit Sie wissen, wie's geht, zeigen wir Ihnen im Nachfolgenden, wie Sie eine Laufschrift in Ihre Homepage integrieren.

! Hier zeigen sich die Grenzen von FrontPage: Die mit diesem Programm erstellten Laufschriften lassen sich nur mit dem Internet Explorer darstellen. Beim Netscape Navigator wird der Text nur als statische Textzeile angezeigt.

1 Klicken Sie in FrontPage Express im Menü *Einfügen* auf den Befehl *Laufschrift*.

2 Geben Sie in das Feld *Text* den Text der Laufschrift ein und stellen Sie im Bereich *Größe* eine *Breite von 80 Prozent* ein. Die Auswirkungen der anderen Einstellungen können Sie später einmal ausprobieren. Schließen Sie das Fenster mit *OK*.

3 In FrontPage Express wird der Text in einem Rahmen angezeigt. In dieser statischen Form würde er auch im Netscape Navigator erscheinen.

4 Erst im Internet Explorer wird der Laufschrift-Effekt sichtbar.

! Wenn Sie eine Laufschrift verwenden möchten, die in allen Browsern dargestellt werden kann, müssen Sie auf Java-Skripte zurückgreifen. Das sind kleine Programme, die in den HTML-Code eingebunden werden. Wir müssen Sie an dieser Stelle auf weiterführende Literatur verweisen, weil die Web-Programmierung mit JavaScript den inhaltlichen Rahmen dieses Buches sprengen würde.

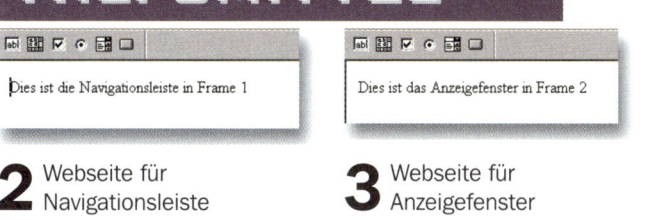

Dies ist die Navigationsleiste in Frame 1

Dies ist das Anzeigefenster in Frame 2

2 Webseite für
Navigationsleiste

3 Webseite für
Anzeigefenster

HTML anzeigen oder bearbeiten

```
<html>
<head>
<title>Homepage mit Frameset</title>
</head>

<frameset cols="150,*">
    <frame src="frame1.htm" name=Frame 1" target="frame2.htm">
    <frame src="frame2.htm" name=Frame 2">
    <noframes>
    <body>
    <p>Diese Seite verwendet Frames. Frames werden von Ihrem Browser
    aber nicht unterstützt.</p>
    </body>
    </noframes>
</frameset>
</html>
```

○ Original ● Aktuell ☑ Syntax in Farbe   OK   Abbrechen   Hilfe

Aktuelle HTML anzeigen oder bearbeiten

4 Rahmen-
dokument

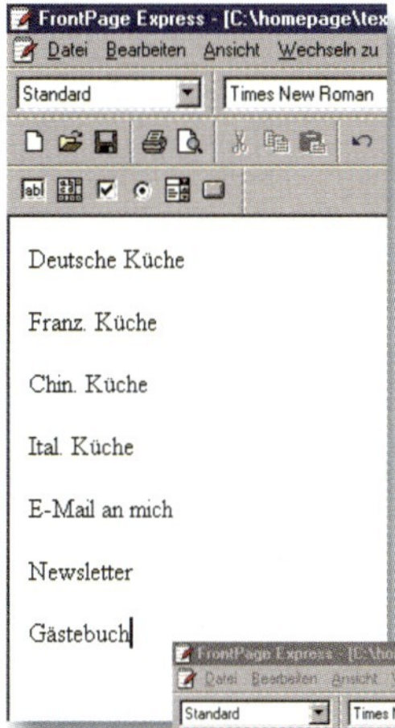

5 Themen für die
Hyperlinks eingeben

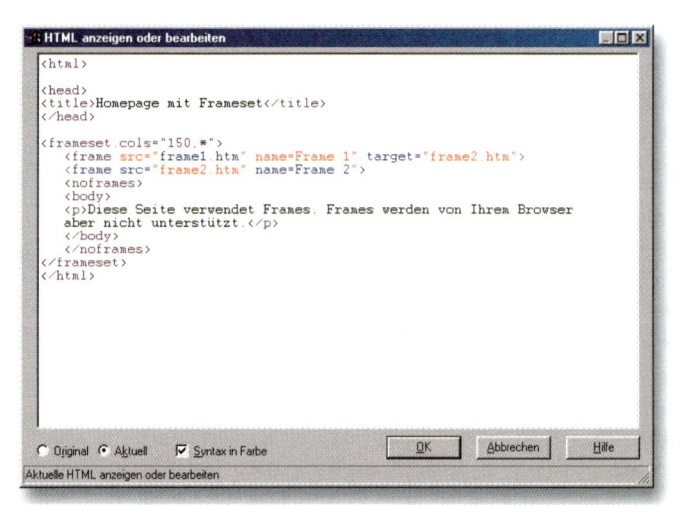

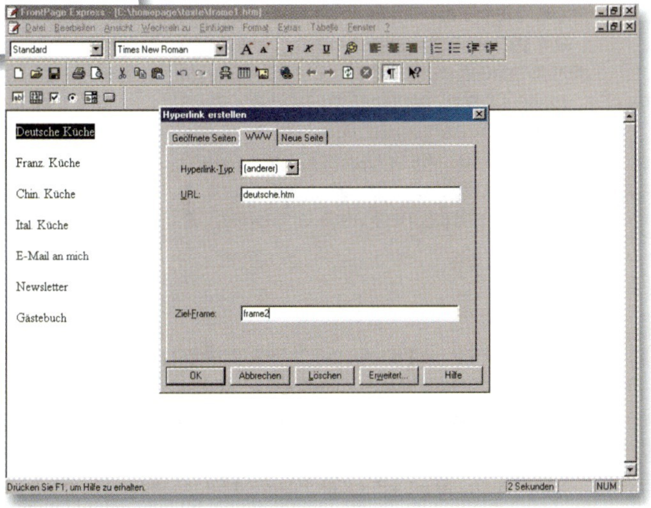

6 Links anlegen

Sicherlich haben Sie beim Surfen schon einmal Webseiten gesehen, die einen festen oberen oder linken Rahmen aufwiesen und bei denen nur das Textfenster gescrollt werden kann. Diese Seiten sind mit so genannten *Frames* versehen, die das Darstellungsfenster des Browsers in mehrere unabhängige Zellen unterteilen. Jeder Frame kann ein eigenes Dokument beinhalten. Leider kann FrontPage Express keine Frames darstellen, sodass Sie zumindest bei einem Schritt direkt HTML-Befehle eingeben müssen.

Die Navigationsleiste enthält Hyperlinks zu den verschiedenen Webseiten des Homepage-Betreibers. Sie dient dazu, direkt von der Startseite aus die weiteren Angebote zu erreichen. Die aufgerufenen Seiten werden im rechten Anzeigefenster dargestellt, wobei die Navigationsleiste weiterhin sichtbar bleibt. So kann der Besucher von jeder Stelle aus in den Seiten navigieren.

1 Um eine Homepage mit zwei Frames zu erzeugen, müssen die folgenden drei Web-Dokumente angelegt werden:

2 Eine Webseite für die Navigationsleiste (*frame1*). Die Elemente in diesem Frame beziehen sich auf das Anzeigefenster.

3 Eine Webseite für das Anzeigefenster (*frame2*).

4 Das Rahmendokument (engl. Frameset), das die Anzahl und Größe der Spalten und Zeilen vorgibt.

5 Öffnen Sie in FrontPage Express eine neue Seite und geben Sie untereinander die Themen für die Hyperlinks ein. Die Navigationsleiste kann auch Dialogelemente wie E-Mail, ein Formular oder ein Gästebuch enthalten.

6 Markieren Sie jeden einzelnen Eintrag und legen Sie über die

Schaltfläche *Hyperlink erstellen oder bearbeiten* jeweils einen Link zu den entsprechenden Seiten an. Geben Sie in das Feld *Ziel-Frame* jedesmal den Eintrag »frame2« ein. Speichern Sie die Seite anschließend unter dem Namen *frame1* ab.

! Der Eintrag im Ziel-Frame gibt an, in welchem Frame die Anzeige stattfinden soll. In unserem Beispiel ist es der rechte Frame.

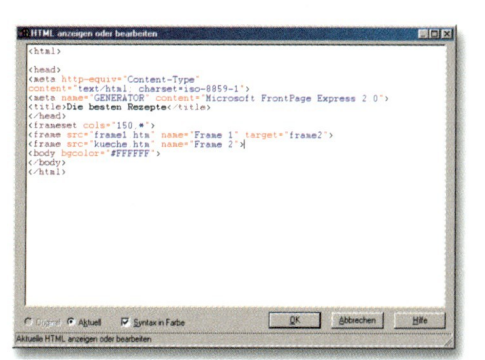

6 Code für die rechte Frame-Seite eingeben

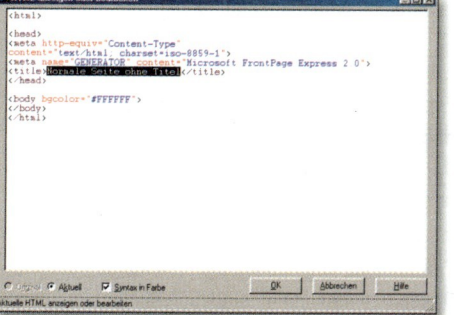

1 Begrüßungstext eingeben

4 Frame-Breite bestimmen

3 Seitentitel festlegen

5 HTML-Code einfügen

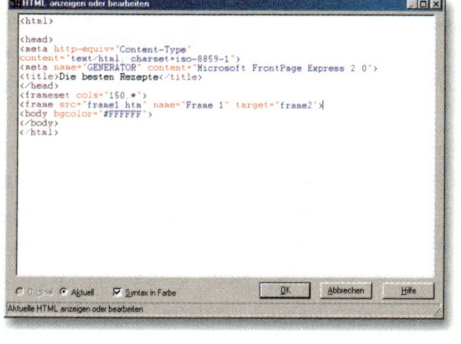

7 Frameset-Einstellungen abschließen

Der Frame für das Anzeigefenster stellt jeweils die Seite dar, die in der Navigationsleiste aufgerufen wurde. Damit der Frame beim ersten Aufruf nicht leer ist, sollten Sie dafür eine Einstiegsseite anlegen. Das Frameset (Rahmendokument) ist die eigentliche Webseite, die aufgerufen wird, um die Frames darzustellen. Leider kann FrontPage Express keine Framesets anzeigen, deshalb müssen Sie in diesem Abschnitt einige HTML-Befehle lernen und eingeben.

1 Öffnen Sie in FrontPage Express eine neue Seite und geben Sie dort einen Begrüßungstext ein. Die Seite kann auch als richtige Homepage gestaltet werden. Speichern Sie sie unter einem passenden Namen ab.

2 Öffnen Sie in FrontPage Express eine neue Seite und klicken Sie im Menü *Ansicht* auf *HTML*.

3 Markieren Sie den Text zwischen den beiden Befehlen *<title>* und *</title>* und geben Sie einen neuen Seitentitel ein.

4 Fügen Sie hinter *</head>* die neue Zeile *<frameset cols= "150,*">* ein. Damit wird festgelegt, dass der linke Frame 150 Pixel breit

ist und der rechte Frame den Rest der Seite ausfüllt.

5 Geben Sie in der nächsten Zeile den Text *<frame src= "frame1.htm" name="Frame 1" target="frame2">* ein. Damit wird die Webseite *frame1.htm* in den linken Frame eingeladen, der Frame erhält den Namen *Frame 1* und die aufgerufenen Seiten werden in *Frame 2* angezeigt.

6 Geben Sie in die nächste Zeile den Text *<frame src= "kueche.htm" name="frame 2">* ein. Dieser lädt eine bestimmte Webseite (in diesem Fall *kueche.htm*) beim Aufruf des Framesets in den rechten Frame. Dieser Frame erhält den Namen *frame 2*.

7 Fügen Sie vor *</html>* die Zeile *</frameset>* ein. Damit werden die Einstellungen des Framesets abgeschlossen. Klicken Sie auf *OK*, um das HTML-Fenster zu schließen.

8 Klicken Sie im Menü *Datei* auf den Befehl *Speichern unter*.

9 Klicken Sie auf die Schaltfläche *Als Datei*.

10 Geben Sie der Datei einen Namen. Soll es die Startseite sein, dann verwenden Sie den Dateinamen *index.htm*. Klicken Sie auf die Schaltfläche *Speichern*.

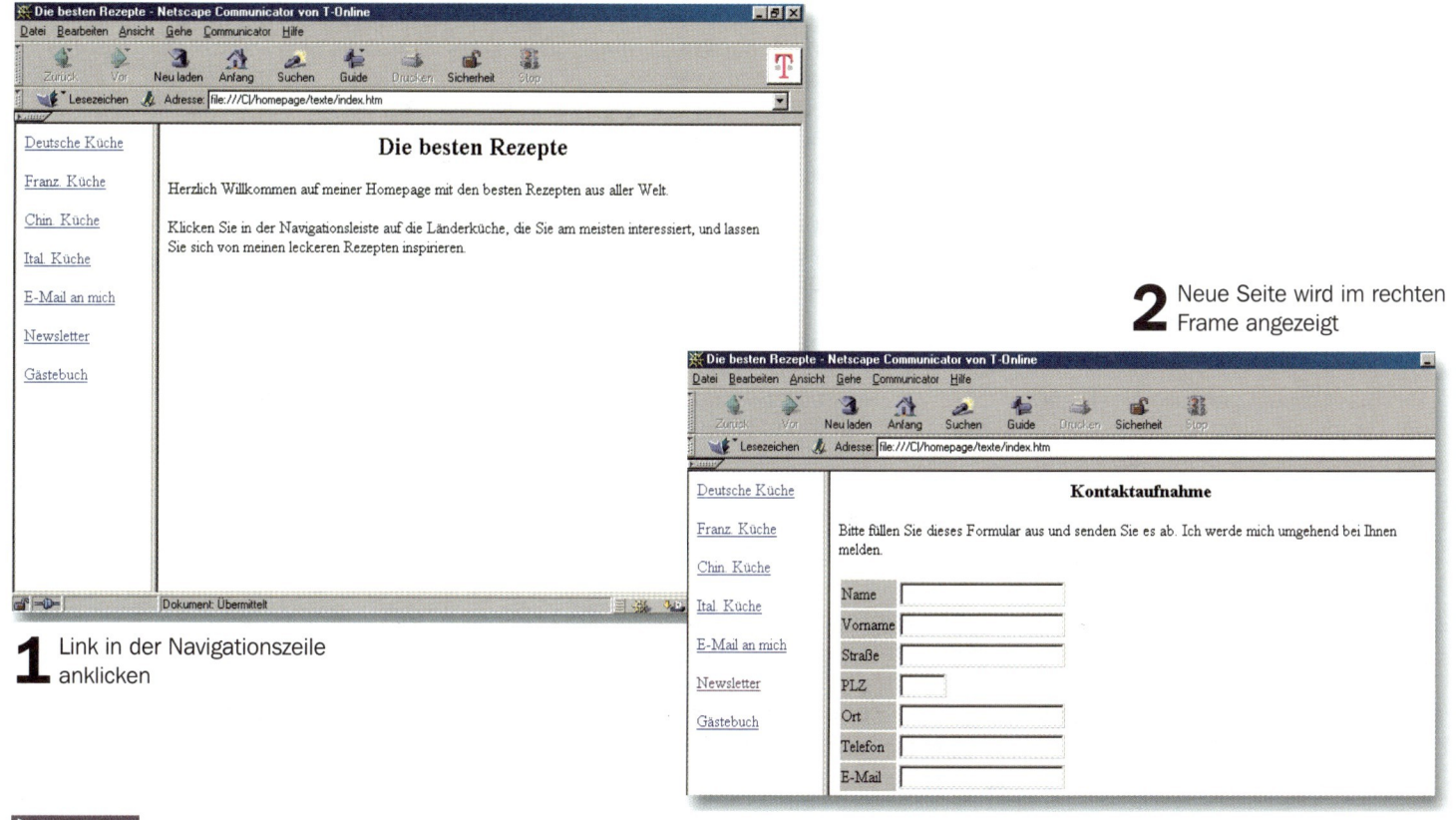

2 Neue Seite wird im rechten Frame angezeigt

1 Link in der Navigationszeile anklicken

Mit dem Web-Browser rufen Sie die Frameset-Datei auf, um sich die Seite mit den Frames anzeigen zu lassen. Entsprechend der Einstellungen in der Frameset-Datei werden die Frames eingerichtet und die Webseiten dort angezeigt.

1 Öffnen Sie die Frameset-Datei in Ihrem Web-Browser über den Befehl *Datei > Öffnen*. Die Frame-Seite mit den vorgegebenen Einstellungen wird angezeigt. Klicken Sie auf einen Link in der Navigationszeile.

2 Die neue Seite wird im rechten Frame angezeigt und die Navigationszeile bleibt bestehen.

! Die Frame-Funktionen sind noch wesentlich leistungsfähiger, als hier dargestellt werden konnte. So können Sie beispielsweise mehr als zwei Frames auf der Seite unterbringen, das Scrollen von Frame-Inhalten abstellen oder die Frame-Rahmen ausblenden. Falls Sie sich für diese Funktionen interessieren, schlagen Sie diese bitte in einem HTML-Buch nach.

! Generell stellen Frames eine gute Möglichkeit dar, eine komplexe Webseite so zu strukturieren, dass der Besucher der Seite mit minimalem Aufwand schnell in unterschiedliche Themenbereiche springen kann. Frames eignen sich mithin vor allem für Inhalte, die nicht auf wenigen verknüpften Seiten dargestellt werden können. Es ist sinnvoll, vor dem »Losprogrammieren« ein Schema anzulegen bzw. zu überlegen, wie die einzelnen Frames gestaltet und welche Inhalte in welchen Frames verfügbar gemacht werden sollen.

Sie sollten ebenfalls beachten, dass vor dem Veröffentlichen der Seite ein ausgiebiger Test stattfinden sollte, weil die Wahrscheinlichkeit, dass Links, die auf Frames verweisen, viel schneller ins Nirvana führen, erheblich größer ist als bei Seiten ohne Frameset-Struktur.

DIALOGELEMENTE

- DIALOGELEMENTE POSITIONIEREN
- MAILTO-FUNKTION
- FORMULARE ANLEGEN
- TEXTFELDER UND KONTROLLKÄSTCHEN
- OPTIONSFELDER UND DROPDOWN-MENÜS
- BILDLAUFFELD UND SCHALTFLÄCHE
- FORMULARFELDEIGENSCHAFTEN
- CGI-SKRIPTE BEI AOL
- E-MAIL-SCHABLONE UND BESTÄTIGUNGS-WEBSEITE
- HOCHLADEN BEI AOL
- FORMMAILER
- AUF CGI-SKRIPT VERWEISEN
- ERGEBNIS-WEBSEITE

Das Faszinierende bei Webseiten ist die Möglichkeit, mit den Besuchern in einen Dialog zu treten, denn selten ist eine Präsenz im WWW reiner Selbstzweck. Bei Privatpersonen drehen sich die Inhalte häufig um Hobbys, persönliche Interessen oder Kontaktaufnahme zu anderen Menschen. Unternehmen oder Selbstständige bieten ihre Dienstleistungen an oder verkaufen irgendwelche Waren. In allen Fällen ist eine Reaktion der Besucher erwünscht: in Form von E-Mails, Anfragen oder Bestellungen.

Die Realisation eines solchen Dialoges kann ganz unterschiedlich aussehen. Mit einfachen Funktionen können Sie z. B. den Besuchern Ihrer Seite ermöglichen, direkt von Ihrer Webseite eine E-Mail an Sie zu versenden. Denken Sie daran: Eine direkte Reaktion auf Ihre Seite (falls gewünscht) ist wahrscheinlicher, wenn der Besucher eine Mail an Sie verschicken kann, ohne erst sein eigenes Mail-Programm öffnen zu müssen.

Wenn Sie mit Ihrer Homepage in den E-Commerce einsteigen und über Ihre Seite Waren oder Dienstleistungen verkaufen wollen, macht es einen wesentlich professionelleren Eindruck, wenn eine Bestellung direkt in ein vorbereitetes Formular eingetragen werden kann.

DIALOGELEMENTE

1 Tabelle einfügen

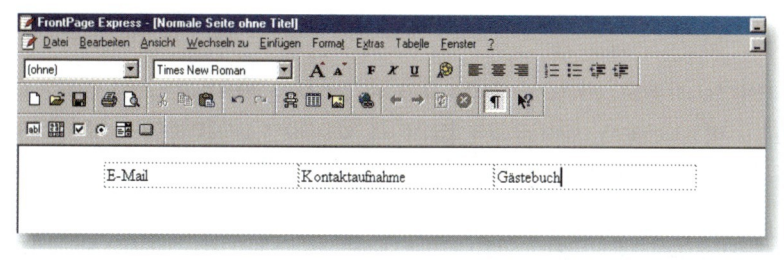

3 Dialogelemente bezeichnen

2 Einstellungen für Tabelle

4 Text formatieren

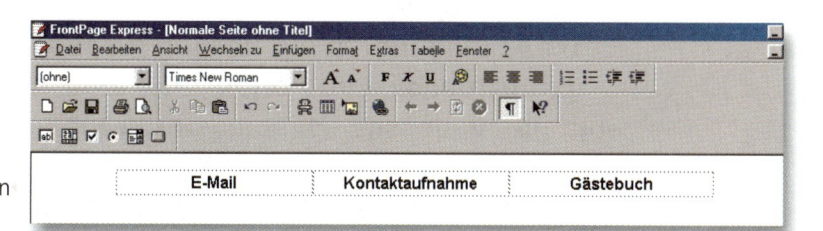

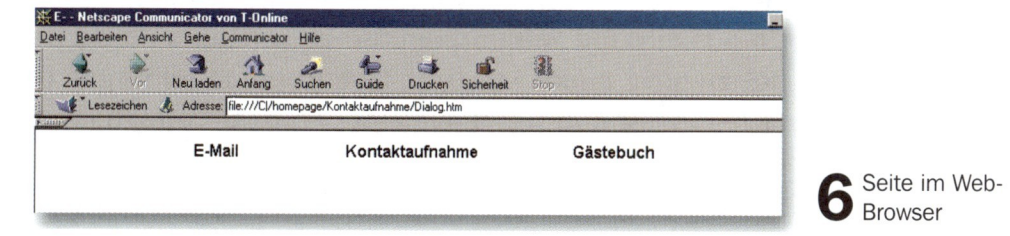

6 Seite im Web-Browser

Die Dialogelemente werden häufig an einer Stelle auf der Webseite zusammengefasst, sodass der Besucher auf den ersten Blick sieht, welche Möglichkeiten der
Kontaktaufnahme er hat. In unserem Beispiel platzieren wir die Dialogelemente an
das Ende der Seite. Sie können sie aber auch in einem Frame oder beispielsweise
in einer Navigationsleiste am linken Rand unterbringen.

1 Entscheiden Sie sich für eine Stelle auf Ihrer Webseite, an der die Kommunikationselemente erscheinen sollen, und klicken Sie im Menü *Tabelle* auf den Befehl *Tabelle einfügen*.

2 Stellen Sie die Tabelle so ein, dass sie aus *einer Zeile* und *drei Spalten* besteht und *Zentriert* ausgerichtet wird. Die Tabellenbreite sollte ca. *80 %* betragen. Klicken Sie anschließend auf *OK*.

3 Geben Sie in die drei Spalten eine Bezeichnung für die drei Dialogelemente ein, wie beispielsweise *E-Mail*, *Kontaktaufnahme* und *Gästebuch*.

4 Gestalten Sie die Texte mit der gewünschten *Schriftart*, *Schriftgröße*, *Schriftschnitt* und *Ausrichtung*, so, wie sie später auf der Webseite erscheinen sollen.

5 Wenn Sie möchten, können Sie die Textelemente noch mit Grafiken ergänzen.

6 Speichern Sie die Seite ab und schauen Sie sich das Ergebnis im Web-Browser an.

DIALOGELEMENTE

1 *E-Mail* markieren

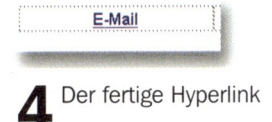

2 Symbol *Hyperlink erstellen* oder *bearbeiten* anklicken

E-Mail

4 Der fertige Hyperlink

5 Test im Browser

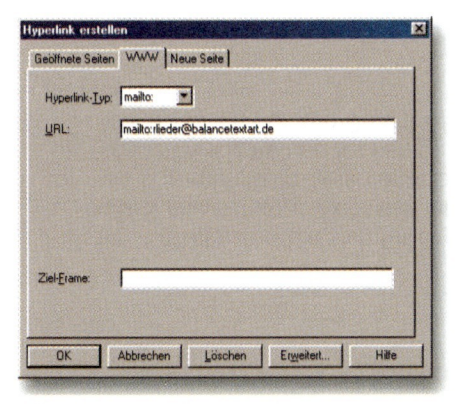

3 *Hyperlink-Typ* und *URL* angeben

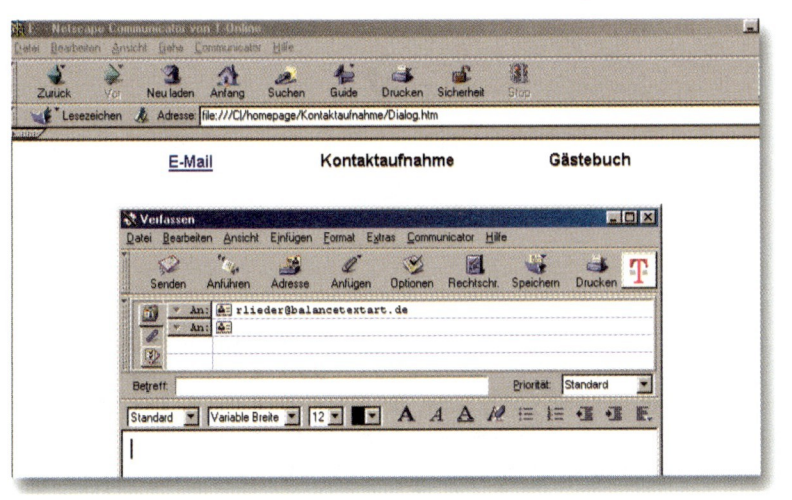

Wenn Sie wenig Aufwand für eine Antwortmöglichkeit betreiben möchten, ist der HTML-Befehl *mailto* die passende Alternative für Sie. Sie müssen sich allerdings darüber im Klaren sein, dass AOL-Mitglieder diese Funktion nicht verwenden können, da diese nur das AOL-eigene Mail-Programm einsetzen können, das nicht kompatibel mit dem allgemeinen Internet-Standard ist.

! Wenn Ihr Angebot attraktiv genug ist, findet sich aber immer ein Weg, Kontakt mit Ihnen aufzunehmen. Zur Not müssen die AOL-Anwender eben Ihre E-Mail-Adresse notieren und dann per Hand in ihre E-Mail einsetzen. Achten Sie deshalb immer darauf, dass Ihre E-Mail-Adresse gut sichtbar auf der Webseite platziert ist, am besten sogar als Text für den *mailto*-Hyperlink.

1 Markieren Sie das Wort *E-Mail* bzw. die Bezeichnung, die Sie im letzten Abschnitt dafür gewählt haben.

2 Klicken Sie auf das Symbol *Hyperlink erstellen oder bearbeiten*.

3 Wählen Sie unter *Hyperlink-Typ* die Einstellung *mailto:* und geben Sie im Eingabefeld *URL* direkt hinter *mailto:* Ihre E-Mail-Adresse ein. Bestätigen Sie die Eingabe mit *OK*.

4 Der Text wird nun unterstrichen und als Hyperlink gekennzeichnet. Wiederholen Sie den Vorgang auch mit der Grafik, falls Sie dort eine eingefügt haben.

5 Speichern Sie die Seite ab, wechseln Sie zum Web-Browser und aktualisieren Sie die Seite. Wenn Sie nun auf den Hyperlink klicken, öffnet sich Ihr Standard-E-Mail-Programm und die angegebene E-Mail-Adresse ist bereits im *An*-Feld eingefügt.

DIALOGELEMENTE

1 Text eingeben

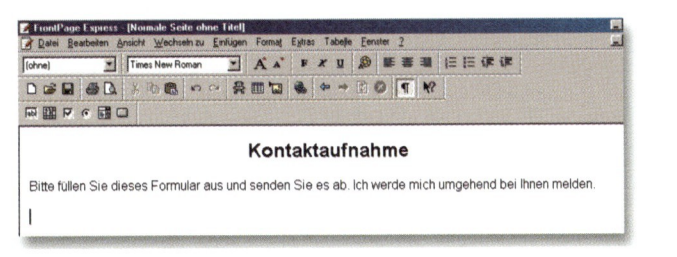

2 Einzeiliges Textfeld
einfügen

3 Tabelle einfügen

4 Abfragekriterien
festlegen

5 Text formatieren

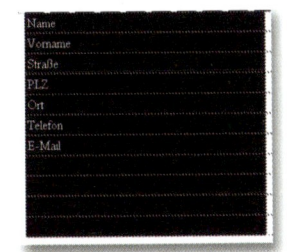

6 Gestaltung
der Tabelle

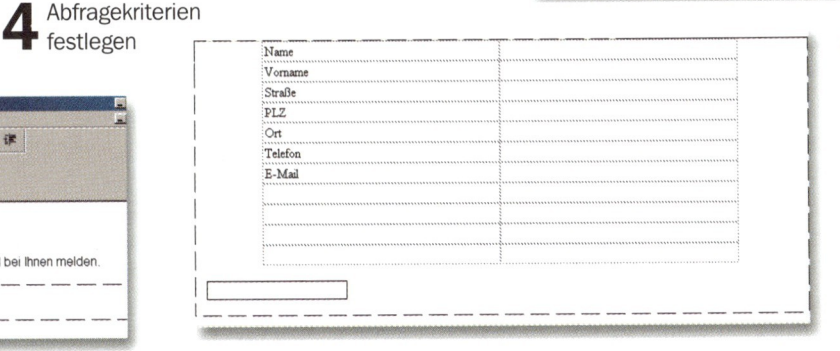

Formulare sind das ideale Instrument, um mit den Besuchern Ihrer Homepage in Dialog zu treten. Formulare bestehen aus einer Reihe von Elementen wie Textfeldern, Kontrollkästchen, Optionsfeldern, Dropdown-Menüs oder Schaltflächen. Diese können Sie auf einer Seite beliebig anordnen und damit z.B. persönliche Daten der Besucher abfragen, einen Bestellschein erstellen usw. Die eingegebenen Daten werden nach dem Absenden durch den Besucher Ihrer Webseite von einem so genannten CGI(Common Gateway Interface)-Skript ausgelesen und Ihnen als E-Mail zugeschickt. Diese CGI-Skripte werden Ihnen von Ihrem Online-Dienst oder Internet-Provider zur Verfügung gestellt.

1 Öffnen Sie über den Befehl *Datei > Neu* eine neue normale Seite und geben Sie die Überschrift sowie einen Einleitungstext für Ihr Formular ein.

2 Klicken Sie auf die Schaltfläche *Einzeiliges Textfeld* oder verwenden Sie den Menübefehl *Einfügen > Formularfeld > Einzeiliges Textfeld*. Es erscheint ein Texteingabefeld mit einer gestrichelten Umrandung.

3 Setzen Sie die Eingabemarke vor das Textfeld und fügen Sie mit dem Befehl *Tabelle > Tabelle einfügen* eine neue Tabelle ein. Stellen Sie *11 Zeilen*, *2 Spalten*, eine *zentrierte Ausrichtung* und eine *Breite* von *80%* ein. Klicken Sie auf *OK*.

! Die Tabelle dient dazu, das Formular schöner gestalten zu können. Die Formularfelder lassen sich auch ohne Tabelle einfügen, sehen dann aber ziemlich zusammengewürfelt aus.

4 Geben Sie nun untereinander in der linken Spalte die Abfragekriterien »Name«, »Vorname«, »Straße«, »PLZ«, »Ort«, »Telefon« und »E-Mail« ein.

5 Markieren Sie die ganze linke Spalte, indem Sie den Mauszeiger an den oberen Rand der Tabelle führen, und auf die linke Maustaste klicken, sobald er sich in einen Pfeil verwandelt. Formatieren Sie die Texte anschließend auf die gewünschte Art und Weise (z. B. *Fett* und *Arial*).

6 Markieren Sie die linke Spalte erneut, wählen Sie dann den Befehl *Tabelle > Zelleneigenschaften* und stellen Sie im Listenfeld *Hintergrundfarbe* die Farbe *Hellgrau* ein. Verändern Sie die *Mindestbreite* noch auf *30%* und bestätigen Sie die Eingaben mit *OK*.

DIALOGELEMENTE

1 Einzeiliges Textfeld einfügen

2 Rahmen des Texteingabefeldes vergrößern

3 Alle Zeilen anpassen

4 Text eingeben

5 Kontrollkästchen einfügen

6 Themengebiete festlegen

Viele Funktionen, die Sie benötigen, um ein ansehnliches Formular zu erstellen, können Sie direkt über die Formular-Symbolleiste anwählen.

Es ist meist sinnvoller, sich vor der Erstellung des Formulars zu überlegen, wie dieses am Schluss aussehen soll. Es fällt dann leichter, gezielter die entsprechenden Elemente (Text, Kontrollkästchen, Listenfelder etc.) einzubauen und zu platzieren.

1 Stellen Sie nun die Eingabemarke in das rechte Feld neben dem Abfragekriterium *Name* und klicken Sie in der *Formular*-Symbolleiste auf das Symbol *Einzeiliges Textfeld*. An dieser Stelle wird ein Texteingabefeld eingefügt.

2 Klicken Sie auf den Rahmen des Texteingabefeldes und vergrößern Sie ihn durch Ziehen mit der Maus bis an den rechten Rand.

3 Wiederholen Sie den Vorgang mit allen anderen Zeilen, wobei Sie die Breite im Feld *PLZ* verkleinern statt vergrößern, da dort ja nur fünf Zahlen plus dem Ländercode eingegeben werden müssen.

4 Geben Sie in das nächste leere Tabellenfeld den Text »Ich interessiere mich für folgende Themen:« ein.

5 Stellen Sie die Einfügemarke in das Spaltenfeld rechts daneben und klicken Sie auf das Symbol *Kontrollkästchen*. Das Kontrollkästchen wird an dieser Stelle eingefügt.

6 Schreiben Sie rechts neben das Kontrollkästchen ein Themen-gebiet, das Sie von den Besuchern erfragen möchten. Wiederholen Sie den Vorgang mit weiteren Kontrollkästchen und Themengebieten.

! Damit die Kontrollkästchen direkt untereinander angeordnet werden, verwenden Sie für den Zeilenwechsel die Tastenkombination ⇧ + ↵.

DIALOGELEMENTE

Ich interessiere
mich für
folgende
Themen:
- ☐ Französische Küche ↵
- ☐ Italienische Küche ↵
- ☐ Spanische Küche ↵
- ☐ Chinesische Küche

Kocherfahrung: ⦿

1 »Kocherfahrung« und
Optionsfeld eingeben

Kocherfahrung:
- ⦿ Anfänger ↵
- ○ Fortgeschrittener ↵
- ○ Profi

2 Jede Kategorie bekommt
ein Optionsfeld

Wie möchten
Sie meine
Informationen
erhalten?
[▾]

3 Text und zugehöriges
Dropdown-Menü anlegen

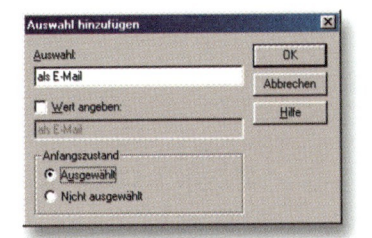

5 Auswahlpunkte
festlegen

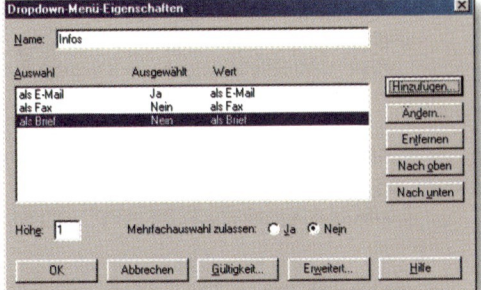

6 Evtl. Reihenfolge
verändern

4 Name festlegen und Mehrfachauswahl nicht zulassen

Den meisten Personen fällt es leichter, Formulare auszufüllen, wenn potenzielle Antworten (wie in der Schule) in Form von Multiple-Choice-Fragebögen vorgegeben werden. Optionsfelder sind also in einem Formular eine wesentliche Hilfe, den Besucher dazu zu ermutigen, schnell und eindeutig eine Auswahl zu treffen. Noch einfacher machen Sie es Ihrem Dialogpartner, wenn Sie für Fragen bereits standardmäßige Auswahlkriterien vorgeben.

1 Geben Sie in die nächste freie Zeile den Text »Kocherfahrung« ein, stellen Sie anschließend die Eingabemarke in das Spaltenfeld rechts daneben und klicken Sie auf das Symbol *Optionsfeld*.

2 Legen Sie je ein Optionsfeld für die Kategorien an, aus denen der Besucher eine auswählen kann.

! Bei den Kontrollkästchen kann der Besucher mehrere Kästchen auswählen, bei den Optionsfeldern immer nur eines.

3 Geben Sie in die nächste freie Zeile den Text »Wie möchten Sie meine Informationen erhalten?« ein, stellen Sie anschließend die Eingabemarke in das Spaltenfeld rechts daneben und klicken Sie auf das Symbol *Dropdown-Menü*.

4 Klicken Sie nun mit der rechten Maustaste auf das neu eingefügte Symbol und wählen Sie im *Kontextmenü* den Befehl *Formularfeldeigenschaften*. Geben Sie einen Namen für das Formularfeld ein und markieren Sie bei *Mehrfachauswahl zulassen* die Option *Nein*. Klicken Sie anschließend auf *Hinzufügen*.

5 Geben Sie unter *Auswahl* einen Menüpunkt ein, der im Dropdown-Menü erscheinen soll. Wiederholen Sie den Vorgang mit weiteren Menüpunkten und markieren Sie bei einem der Einträge die Option *Ausgewählt* bei *Anfangszustand*.

! Der Eintrag, dessen Anfangszustand mit *Ausgewählt* eingegeben wurde, erscheint als sichtbarer Menüpunkt im Dropdown-Menü. Alle anderen werden erst sichtbar, wenn das Menü ausgeklappt wird.

6 Die Reihenfolge der Menüpunkte kann über die Schaltflächen *Nach oben* oder *Nach unten* verändert werden. Wenn Sie alle Menüpunkte eingegeben haben, schließen Sie das Fenster mit *OK*.

DIALOGELEMENTE

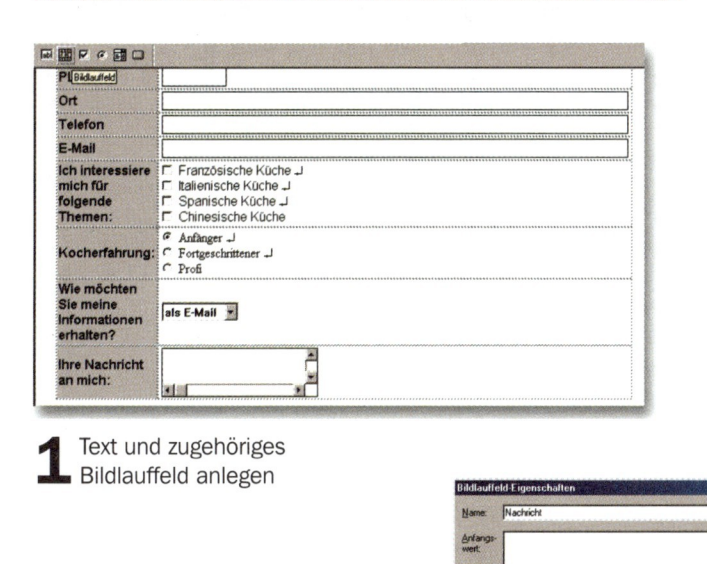

1 Text und zugehöriges Bildlauffeld anlegen

2 Name und Größe festlegen

3 Schaltfläche einfügen und zentrieren

Falls man sich beim Ausfüllen des Formulars vertippt hat, kann es sinnvoll sein, die Möglichkeit zu eröffnen, das Formular in den Ausgangszustand zurückzuführen. Wenn Ihr Dialogpartner die Möglichkeit bekommen soll, seine Meinung oder seine Wünsche in Form einer Textnachricht zu übermitteln, sollten Sie ihm dafür auch genügend Raum lassen. Es macht keinen Sinn, ein Texteingabefeld so klein zu dimensionieren, dass dort nur wenige Wörter hineinpassen!

1 Geben Sie in die nächste freie Zeile den Text »Ihre Nachricht an mich:« ein, stellen Sie anschließend die Eingabemarke in das Spaltenfeld rechts daneben und klicken Sie auf das Symbol *Bildlauffeld*.

2 Klicken Sie mit der rechten Maustaste auf das Bildlauffeld, wählen Sie den Befehl *Formularfeldeigenschaften* und geben Sie einen Namen für das Feld ein. Stellen Sie bei *Breite* den Wert *30* und bei *Anzahl Zeilen* den Wert *5* ein. Klicken Sie anschließend auf *OK*.

! Das sichtbare Texteingabefeld ist nun 30 Zeichen breit und 5 Zeilen hoch. Längere Texte müssen beim Lesen und Schreiben gescrollt werden.

3 Löschen Sie jetzt das beim ersten Schritt erzeugte Texteingabefeld am Ende der Tabelle und klicken Sie anschließend auf das Symbol *Schaltfläche*. Eine Schaltfläche mit der Beschriftung *Abschicken* wird eingefügt. Richten Sie diese Schaltfläche noch mittig aus, indem Sie auf das entsprechende Symbol klicken.

! Die Elemente des Formulars haben Sie nun erstellt. Im nächsten Schritt müssen Sie den einzelnen Elementen einen Namen geben und Werte festlegen, die das CGI-Skript abfragen und Ihnen per E-Mail zusenden soll. Bei den letzten beiden Elementen haben Sie das schon durchgeführt.

DIALOGELEMENTE

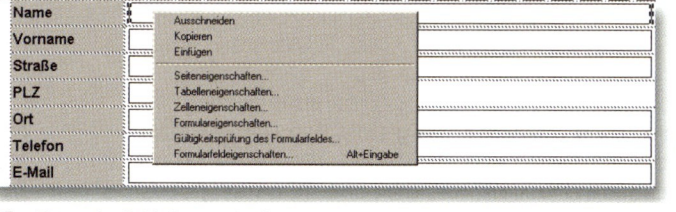

1 *Formularfeldeigenschaften* im Kontextmenü markieren

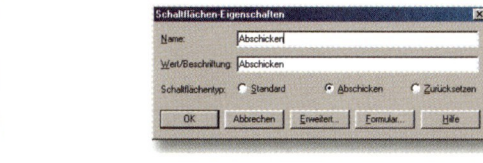

5 Name und Beschriftung der Schaltfläche festlegen

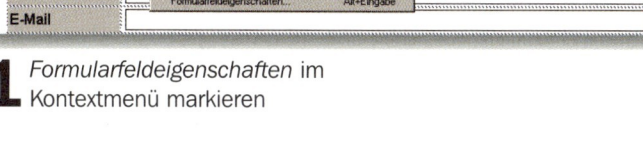

2 Name und Breite festlegen

3 Name bestimmen

6 Der HTML-Code der Webseite

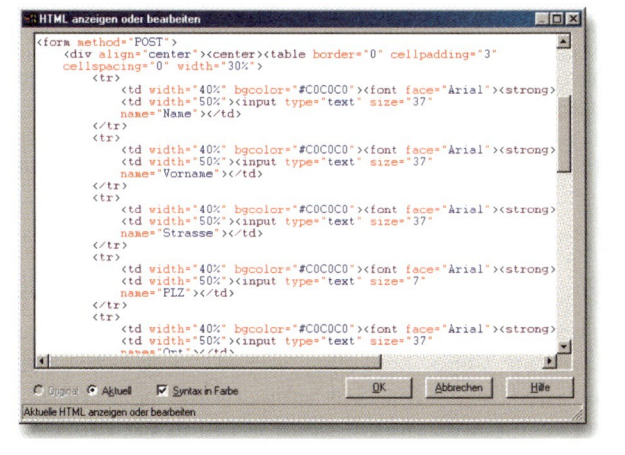

Definieren Sie im Folgenden die Eigenschaften des Formularfelds.

1 Klicken Sie mit der rechten Maustaste auf das erste Texteingabefeld in der Tabellenzeile *Name* und wählen Sie im Kontextmenü den Befehl *Formularfeldeigenschaften*.

2 Geben Sie im Eingabefeld *Name* einen Namen ein, der später in der Abfrage-E-Mail vor dem Wert des Texteingabefelds steht. Am sinnvollsten ist es, wenn Sie hier den Text aus der linken Spalte nehmen, in diesem Falle also *Name*. Schließen Sie das Fenster mit *OK*.

! Wiederholen Sie diesen Vorgang mit allen anderen Texteingabefeldern von *Vorname* bis *E-Mail*. Vergeben Sie dabei jeweils einen eindeutigen Namen, der nur einmal vorkommen und kein Leerzeichen enthalten darf.

3 Klicken Sie mit der rechten Maustaste auch auf das erste der vier Kontrollkästchen und wählen Sie erneut *Formularfeldeigenschaften*. Geben Sie einen Namen ein und be-

lassen Sie die Option *Anfangszustand* bei *Nicht aktiviert*. Schließen Sie das Fenster mit *OK*. Wiederholen Sie den Vorgang bei den anderen drei Kontrollkästchen.

! Die Voreinstellung *ON* bei *Wert* ist der Hinweis, den Sie in der Abfrage-E-Mail erhalten, wenn ein Besucher dieses Kontrollkästchen anklickt. Statt *ON* können Sie dort auch einen anderen Wert eingeben. Wenn Sie die Option *Anfangszustand* auf *Aktiviert* stellen, sind die Kontrollkästchen bereits markiert und der Besucher kann sie wieder ausschalten. Beachten Sie, dass der Name kein Leerzeichen enthalten darf.

4 Klicken Sie mit der rechten Maustaste nun auf das erste der drei Optionsfelder und wählen Sie erneut den Befehl *Formularfeldeigenschaften* im Kontextmenü. Geben Sie einen Namen für diese Optionsfeldgruppe ein und fügen Sie unter *Wert* die Beschriftung des Optionsfeldes

ein. Schließen Sie das Fenster mit *OK*.

! Wiederholen Sie diesen Schritt bei den anderen beiden Optionsfeldern, wobei der Name der Gruppe immer der gleiche sein muss und der Wert die Abfrageergebnisse enthält. Bei einem der Optionsfelder können Sie als Anfangszustand *Ausgewählt* einstellen. Dieses Optionsfeld ist dann im Formular aktiviert.

5 Klicken Sie abschließend auch noch mit der rechten Maustaste auf die Schaltfläche am Ende des Formulars. In den *Formularfeldeigenschaften* vergeben Sie wieder einen Namen und Sie können unter *Wert/Beschriftung* die Beschriftung der Schaltfläche ändern.

6 Öffnen Sie mit dem Befehl *Ansicht > HTML* den HTML-Editor, um sich das Ergebnis anzusehen. Das Formular beginnt bei *<form method="POST">*.

DIALOGELEMENTE

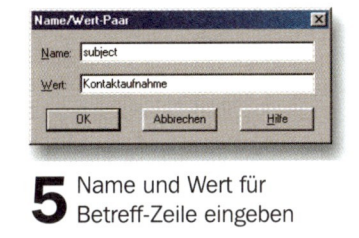

1 Im Kontextmenü *Formular-eigenschaften* auswählen

2 Formularname eingeben

5 Name und Wert für Betreff-Zeile eingeben

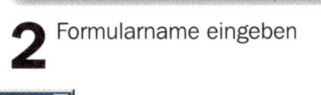

3 Einstellungen für das Formular vornehmen

4 Verborgene Felder hinzufügen

6 Name und Wert für Bestätigungs-Webseite eingeben

Nachdem die Gestaltung des Formulars und die Zuordnung der Werte abgeschlossen ist, müssen Sie das CGI-Skript einbinden und das Formular auf Ihren Webspace hochladen. AOL stellt seinen Mitgliedern mehrere CGI-Skripte zur Verfügung, darunter befindet sich auch eines für die Abfrage von Formularen. Die Ausführung dieses Skriptes kann nur online getestet werden, da es auf dem Server von AOL liegt. Sie müssen lediglich in Ihr Formular einen Zugriff auf das CGI-Skript einbauen. Sobald ein Besucher Ihr Formular ausgefüllt und abgeschickt hat, wird es vom CGI-Skript ausgelesen und die Inhalte werden Ihnen per E-Mail zugesandt.

1 Klicken Sie mit der rechten Maustaste irgendwo in den Formularbereich und wählen Sie im Kontextmenü den Befehl *Formular-eigenschaften*.

2 Geben Sie bei den *Formular-eigenschaften* unter *Formular-name* einen Namen für das Formular ein. Klicken Sie anschließend auf die Schaltfläche *Einstellungen*.

3 Geben Sie unter *Aktion* folgende Web-Adresse ein: http://members.aol.com/cgi-bin/email/aol-name/formular/script.eml. Für *aolname* verwenden Sie Ihren eigenen AOL-Namen. Belassen Sie die Methode bei *POST* und klicken Sie auf die Schaltfläche *OK*.

! Diese Zeile ruft das CGI-Skript und die Schablone *script.eml* im Ordner *formular* auf, die im nächsten Abschnitt erstellt wird. Wie auf fast jedem Webserver befinden sich CGI-Skripte bei AOL auch im Ordner *cgi-bin*.

4 Klicken Sie bei den *Formular-eigenschaften* im Bereich *Verborgene Felder* auf die Schaltfläche *Hinzufügen*.

5 Geben Sie unter *Name* den Begriff »subject« und unter *Wert* den Text »Kontaktaufnahme« ein. Dieses Feld ist im Formular nicht sichtbar, fügt aber in die Abfrage-E-Mail eine *Betreff*-Zeile ein, an der Sie erkennen können, woher die E-Mail kommt. Klicken Sie anschließend auf *OK*.

6 Klicken Sie erneut auf die Schaltfläche *Hinzufügen* und geben Sie unter *Name* den Begriff »Response-Page« und unter *Wert* den Text http://members.aol.com/aolname/formular/danke.htm ein. Damit wird eine (noch zu erstellende) Webseite aufgerufen, bei der Sie sich beim Besucher für das Ausfüllen des Formulars bedanken. Klicken Sie anschließend auf *OK*.

! Schließen Sie das *Formular-eigenschaften*-Fenster mit einem Klick auf *OK*. Das Formular ist nun fertig erstellt und eingerichtet. Speichern Sie es unter dem Namen *kontakt.htm* oder unter einem anderen Namen ab. Verwenden Sie dabei den gleichen Ordner wie für die noch folgenden Seiten.

DIALOGELEMENTE

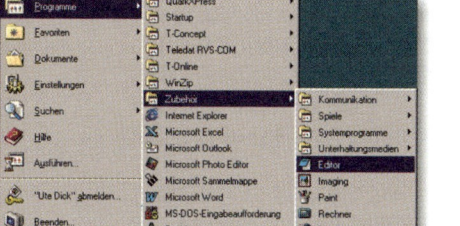

1 Texteditor von Windows öffnen

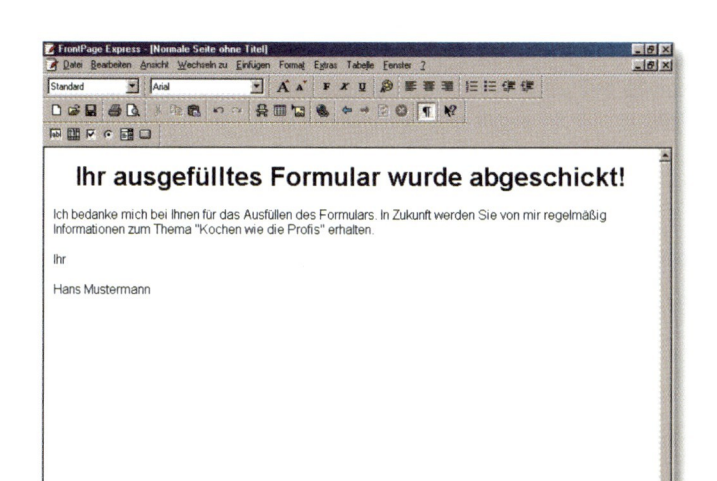

Unbenannt - Editor
Datei Bearbeiten Suchen ?
Name: #Name#

2 Elemente des Formulars einfügen

Ihr ausgefülltes Formular wurde abgeschickt!

Ich bedanke mich bei Ihnen für das Ausfüllen des Formulars. In Zukunft werden Sie von mir regelmäßig Informationen zum Thema "Kochen wie die Profis" erhalten.

Ihr

Hans Mustermann

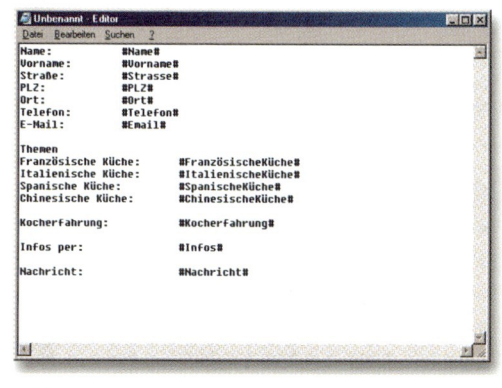

```
Unbenannt - Editor
Datei  Bearbeiten  Suchen  ?
Name:               #Name#
Vorname:            #Vorname#
Straße:             #Strasse#
PLZ:                #PLZ#
Ort:                #Ort#
Telefon:            #Telefon#
E-Mail:             #Email#
Themen
Französische Küche:     #FranzösischeKüche#
Italienische Küche:     #ItalienischeKüche#
Spanische Küche:        #SpanischeKüche#
Chinesische Küche:      #ChinesischeKüche#

Kocherfahrung:      #Kocherfahrung#

Infos per:          #Infos#

Nachricht:          #Nachricht#
```

3 Alle Felder des Formulars

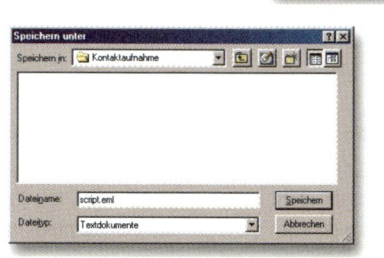

4 Unter *script.eml* abspeichern

6 Text für Bestätigungs-Webseite schreiben

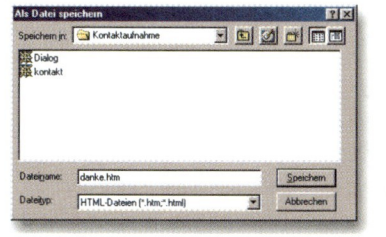

7 Unter *danke.htm* abspeichern

Die E-Mail-Schablone gibt den Aufbau der E-Mail vor, mit der Ihnen die Ergebnisse der Formularabfrage zugestellt werden. Sie enthält einige Variablen, die die Werte aufnehmen. Bei der Schablone handelt es sich um eine ASCII-Datei, also reinen Text ohne irgendwelche Formatierungen.

Die Bestätigungs-Webseite erscheint, sobald der Besucher das ausgefüllte Formular mit einem Klick auf die Schaltfläche *Abschicken* auf die Reise schickt. Im Formular haben Sie dieser Webseite bereits den Namen *danke.html* vergeben.

1 Öffnen Sie mit dem Befehl *Start > Programme > Zubehör > Editor* den Texteditor von Windows 98.

2 Geben Sie in den Editor nun das erste Element des Formulars ein: »Name:«. Fügen Sie dann einige Leerzeichen ein und geben Sie die von Ihnen gewählte Bezeichung des Texteingabefeldes eingefasst in Rauten ein: #Name#. Achten Sie dabei auch auf die Groß- oder Kleinschreibung der Bezeichnung.

3 Wiederholen Sie diesen Schritt mit allen anderen Feldern Ihres Formulars. Bei den Kontrollkästchen führen Sie die Namen einzeln auf, bei den Optionsfeldern nehmen Sie den Gruppennamen und beim Dropdown-Menü und dem Bildlauffeld verwenden Sie den jeweiligen Namen.

! Vergleichen Sie alle Variablen-Namen mit der HTML-Ansicht, damit Sie exakt die Schreibweisen benutzen, die auch im Formular verwendet wurden. Sie finden sie jeweils hinter dem Befehl *name="Begriff"*.

4 Speichern Sie die Schablone mit dem Befehl *Datei > Speichern unter* unter dem Dateinamen *script.eml* ab. Wichtig ist die Eingabe der Dateiendung *.eml*, da die Datei sonst mit der Endung *.txt* abgespeichert wird.

5 Öffnen Sie in FrontPage Express mit dem Befehl *Datei > Neu* eine neue Seite.

6 Verfassen Sie einen Text, der dem Besucher den Empfang seiner Daten bestätigt, und bedanken Sie sich bei ihm für die Kontaktaufnahme.

7 Speichern Sie das Formular mit *Datei > Speichern unter* unter dem Dateinamen *danke.htm* ab.

DIALOGELEMENTE

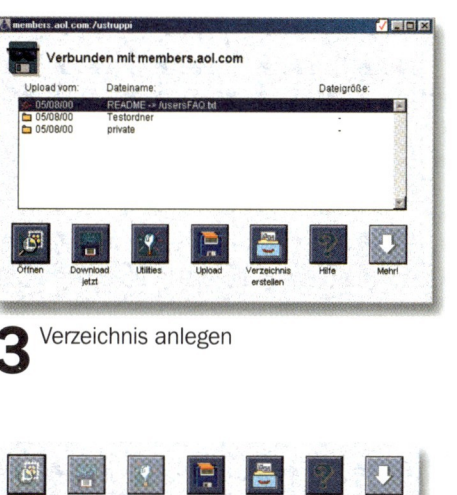

1 Kennwort eingeben

3 Verzeichnis anlegen

7 Upload anklicken

11 Datei hochladen

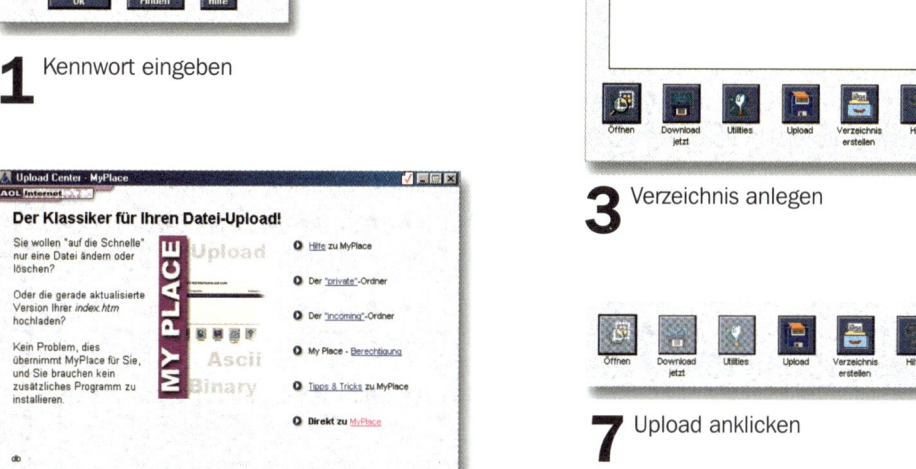

2 Direkt zu My Place gehen

13 Formular testen

Als letzten Schritt müssen Sie nun noch das Formular, die Schablone und die Bestätigungs-Webseite in Ihren FTP-Bereich (Ihren Webspace) bei AOL hochladen. Abschließend sollten Sie das Formular noch testen, um zu sehen, ob alles einwandfrei funktioniert.

1 Starten Sie AOL und wählen Sie sich in den Online-Dienst ein. Öffnen Sie mit der Tastenkombination Strg + K das *Kennwort*-Fenster, geben Sie das Kennwort *myplace* ein und klicken Sie anschließend auf *OK*.

2 Klicken Sie auf den Hyperlink *My Place* und dann auf *Direkt zu My Place*.

3 Um ein neues Verzeichnis anzulegen, klicken Sie auf die Schaltfläche *Verzeichnis erstellen*.

4 Geben Sie den Verzeichnisnamen *formular* ein und klicken Sie auf *Weiter*.

5 Das neue, noch leere Verzeichnis wird angezeigt. Klicken Sie auf *OK*.

6 Doppelklicken Sie auf das neue Verzeichnis *formular*.

7 Klicken Sie auf die Schaltfläche *Upload*.

8 Geben Sie den Dateinamen *kontakt.htm* ein und klicken Sie auf *Weiter*.

9 Klicken Sie auf die Schaltfläche *Datei wählen*.

10 Suchen Sie die Datei *kontakt.htm* auf Ihrer Festplatte und klicken Sie auf *Öffnen*.

11 Klicken Sie auf die Schaltfläche *Abschicken*. Wiederholen Sie diesen Vorgang mit den Dateien *script.eml* und *danke.htm*.

12 Nachdem Sie alle erstellten Dateien hochgeladen haben, werden sie im Verzeichnis *formular* angezeigt.

13 Geben Sie nun in AOL oder in Ihrem Web-Browser die Adresse http://members.aol.com/ihrname/formular/kontakt.htm ein.

14 Wenn Sie alle Schritte richtig durchgeführt haben, erscheint jetzt Ihr Formular im Web-Browser. Geben Sie nun testweise einige Daten ein und klicken Sie auf *Abschicken*.

15 Die Bestätigungs-Webseite erscheint und gleichzeitig erreicht eine neue E-Mail Ihre Mailbox bei AOL.

16 Öffnen Sie mit dem Befehl *Postamt > Neue eMail lesen* Ihre Mailbox und doppelklicken Sie auf die E-Mail mit dem Thema *Kontaktaufnahme* (bzw. den Betreff, den Sie in der Schablone angegeben haben).

17 Die E-Mail enthält alle Angaben, die Sie in das Formular eingetragen haben. Die aktivierten Kontrollkästchen werden dabei mit *ON* gekennzeichnet.

DIALOGELEMENTE

5 URL des Formulars und der Ergebnisseite eingeben

Neues Formular einrichten

Um ein Formular mit dem Formmailer benutzen zu können, müssen Sie es mit dem untenstehenden Formular anmelden.

Falls Sie ein Formular gewerblich benutzen fallen Kosten für den Formmailer an. Lesen Sie in diesem Falle zuerst unsere Seite zum Thema Kosten.

Bitte geben Sie die URL des Formulars sowie der Seite an, die nach dem Absenden des Formulars angezeigt werden soll.

URL des Formulars: `http://home.t-online.de/home/rwlieder/kontakt.htm`
URL der Ergebnisseite: `http://home.t-online.de/home/rwlieder/danke.htm`

FORMMAILER

Neuigkeiten

Nachdem der neue Formmailer nun die ersten Monate erfolgreich überstanden hat gibt es nun ein leicht verändertes Layout und eine bessere Menüstruktur.

Falls Sie den Formmailer noch nicht kennen, lesen Sie bitte die kurze Einführung. Die gewerbliche Nutzung des Formmailers ist gebührenpflichtig. Lesen Sie hierzu den Abschnitt Kosten. Umsteiger von alten CWAK Mailservice sollten die Hinweise zur Vorbereitung eines Formulars lesen.

Ab sofort ist es möglich, Dateien an Nachrichten anhängen zu lassen. Die Vorgehensweise hierzu ist ebenfalls unter Hinweise zur Vorbereitung eines Formulars nachzulesen.

Gewerbliche Nutzer des Formmailers können sich Nachrichten ab sofort gegen eine Seitengebühr auch per Fax zustellen lassen.

Menü

1 Formmailer starten

FORMMAILER

Benutzerkonto UTEDICK - Anderes Konto auswählen

Neues Formular einrichten

Das neue Formular wurde erfolgreich eingerichtet. Fügen Sie die folgende Zeile in Ihr Formular ein, um es für die Verwendung mit dem Formmailer freizugeben:

```
<input type="Hidden" name="formmailer"
value="12117">
```

© Copyright 1996-99 by CWAK. Fragen oder Probleme?
Wir empfehlen Internet Explorer 5 oder Netscape Navigator 4.5 zum Anschauen dieser Seiten.

8 Die angezeigte Zeile müssen Sie notieren

11 In der Betreff-zeile soll *Kontaktaufnahme* stehen

Betreff-Zeile der Nachricht:
`Kontaktaufnahme`

Im Feld Antwortadresse können Sie den Namen eines Ihrer Formularfelder angeben. Gibt der Benutzer dann in dieses so benannte Formularfeld eine Email-Adresse ein erscheint diese im Reply-To-Header der an Sie geschickten Nachricht. Geben Sie in diesem Feld keine geschweiften Klammern ein.

Feld mit Antwortadresse:

Änderungen durchführen

Bitte geben Sie an, in welcher Weise das Formular verwendet wird. Die private Benutzung sowie die Benutzung durch nicht kommerzielle Organisationen (z.B. Schulen) ist kostenlos. Wir behalten uns vor, in diesem Fall den Verwendungszweck zu überprüfen. Bei der gewerblichen Benutzung fallen Kosten an.

Verwendungszweck: privat

Eintragung abschicken

© Copyright 1996-99 by CWAK. Fragen oder Probleme?
Wir empfehlen Internet Explorer 5 oder Netscape Navigator 4.5 zum Anschauen dieser Seiten.

7 *privat* oder *gewerblich* einstellen und abschicken

T-Online bietet leider keine eigenen CGI-Skripte für seine Mitglieder an. Wenn Sie dennoch Formulare in Ihre Webseiten einbinden möchten, müssen Sie auf Skripte auf einem externen Server zugreifen. Es gibt aber auch Dienstleister, die solche Skripte für Privatanwender kostenlos zur Verfügung stellen. Das Skript eines solchen externen Anbieters stellen wir Ihnen nachfolgend vor.

Formmailer ist einer der bekanntesten Anbieter von CGI-Skripten zur Abfrage von Formularen. Für Privatanwender ist die Nutzung kostenlos, eine Anmeldung bei diesem Service genügt. Gewerbliche Nutzer müssen eine Gebühr bezahlen.

1 Starten Sie Ihren Web-Browser und rufen Sie die Web-Adresse http://www.formmailer.com auf. Klicken Sie auf den Hyperlink *Neues Formmailer-Konto einrichten*.

2 Akzeptieren Sie auf der folgenden Seite die Benutzerbedingungen mit einem Klick auf die entsprechende Schaltfläche und geben Sie dann Ihre gewünschte *Benutzerkennung* und ein *Passwort* ein. Rollen Sie die Seite etwas nach oben und füllen Sie die Felder mit Ihren persönlichen Daten aus. Klicken Sie anschließend auf *Anmeldung abschicken*.

3 Kehren Sie zur Hauptseite zurück und klicken Sie dort auf den Hyperlink *Zugang für Benutzer mit Formmailer-Konto*.

4 Auf der nächsten Seite klicken Sie auf den Hyperlink *Neues Formular einrichten*.

5 Geben Sie unter *URL des Formulars* die Web-Adresse http://home.t-online.de/home/ihrname/kontakt.htm ein und bei *URL der Ergebnisseite* die Adresse http://home.t-online.de/home/ihrname/danke.htm.

6 Rollen Sie die Seite etwas nach oben und geben Sie dann die *Email-Adresse* ein, an die das Abfrageergebnis geschickt werden soll.

7 Etwas weiter unten auf dieser Seite können Sie noch den Verwendungszweck (*privat* oder *gewerblich*) einstellen und die *Eintragung abschicken*.

8 Notieren Sie sich die Zeile, die Ihnen nach der Einrichtung eines neuen Formulars ausgegeben wird. Diese muss im nächsten Abschnitt in Ihr Formular eingetragen werden.

9 Kehren Sie zum Hauptmenü zurück und klicken Sie zuerst in der Navigationsleiste auf *Kontozugang* und dann auf den Hyperlink *Formular konfigurieren*.

10 Klicken Sie bei den *Konfigurationsmöglichkeiten* auf den Hyperlink *Formatierung*.

11 Geben Sie in das Eingabefeld *Betreff-Zeile der Nachricht* den Text »Kontaktaufnahme« ein. Dieser wird später bei der Abfrage-E-Mail die *Betreff-Zeile* bilden und Ihnen einen Hinweis darauf geben, woher die E-Mail kommt.

DIALOGELEMENTE

1 Dialogfeld *Formulareigenschaften* aufrufen

3 Web-Adresse angeben

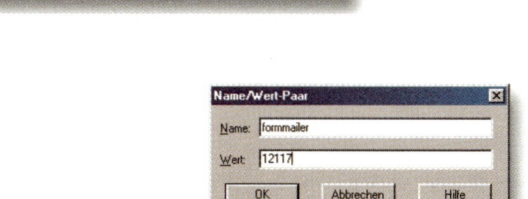

4 Auf *Hinzufügen* klicken

2 Formularname eingeben

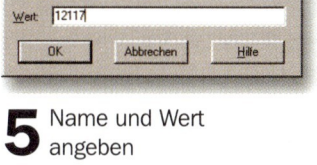

5 Name und Wert angeben

In Ihrem Formular muss nun der Verweis auf den Formmailer und die Zeile, die Sie im letzten Schritt erhalten haben, hinzugefügt werden.

1 Klicken Sie mit der rechten Maustaste in FrontPage Express irgendwo in den Formularbereich und wählen Sie im *Kontextmenü* den Befehl *Formulareigenschaften*.

2 Geben Sie bei den *Formulareigenschaften* unter *Formularname* einen Namen für das Formular ein. Klicken Sie anschließend auf die Schaltfläche *Einstellungen*.

3 Geben Sie unter *Aktion* folgende Web-Adresse ein:

http://send.formmailer.com/. Belassen Sie die Methode bei *POST* und klicken Sie auf die Schaltfläche *OK*.

4 Klicken Sie bei den *Formulareigenschaften* im Bereich *Verborgene Felder* auf die Schaltfläche *Hinzufügen*.

5 Geben Sie unter *Name* den Text *formmailer* und unter *Wert* den *value* aus der Zeile ein, die Sie bei

der Formulareinrichtung bekommen haben.

! Schließen Sie das *Formulareigenschaften*-Fenster mit einem Klick auf *OK*. Das Formular ist nun fertig erstellt und eingerichtet. Speichern Sie es unter dem Namen *kontakt.htm* ab. Verwenden Sie dabei den gleichen Ordner wie auch für die noch folgenden Seiten.

DIALOGELEMENTE

Neu...	Strg+N...
Öffnen...	Strg+O...
Schließen	
Speichern	Strg+S
Speichern unter...	
Alles speichern	

1 Neue Seite öffnen

Als Datei speichern

Speichern in: Kontaktaufnahme

- danke
- Dialog
- kontakt

Dateiname: danke.htm   [Speichern]

Dateityp: HTML-Dateien (*.htm;*.html)   [Abbrechen]

3 Formular unter *danke.htm* abspeichern

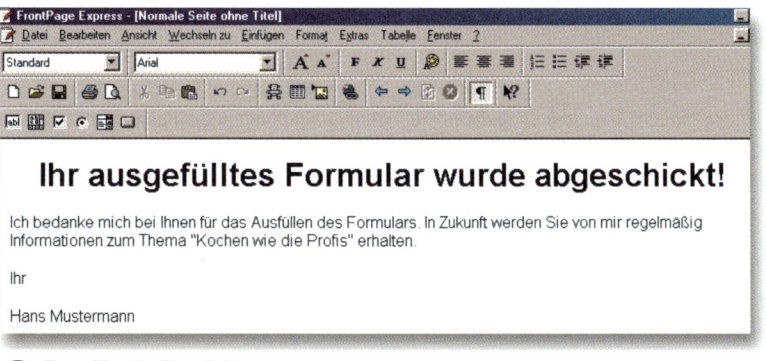

FrontPage Express - [Normale Seite ohne Titel]
Datei Bearbeiten Ansicht Wechseln zu Einfügen Format Extras Tabelle Fenster ?

Standard   Arial

Ihr ausgefülltes Formular wurde abgeschickt!

Ich bedanke mich bei Ihnen für das Ausfüllen des Formulars. In Zukunft werden Sie von mir regelmäßig Informationen zum Thema "Kochen wie die Profis" erhalten.

Ihr

Hans Mustermann

2 Text für die Bestätigungs-Webseite schreiben

Die Ergebnis-Webseite erscheint, sobald der Besucher das ausgefüllte Formular mit einem Klick auf die Schaltfläche *Abschicken* auf die Reise schickt. Bei der Formmailer-Anmeldung haben Sie dieser Webseite bereits den Namen *danke.html* zugeordnet.

Auch wenn es überflüssig erscheinen mag, sei an dieser Stelle erwähnt, dass elektronische Kommunikation auch eine Form von zwischenmenschlichem Dialog ist. Gerade in geschäftlichen Beziehungen spielen Empfangsbestätigungen etc. genau dieselbe Rolle, die sie auch in »normalen«, also nicht-digitalen Geschäftsbeziehungen spielen. Sie sollten diese Regeln also auch im Webspace beachten!

1 Öffnen Sie in FrontPage Express mit dem Befehl *Datei > Neu* eine neue Seite.

2 Verfassen Sie einen Text, der dem Besucher den Empfang seiner Daten bestätigt, und bedanken Sie sich bei ihm für die Kontaktaufnahme.

3 Speichern Sie das Formular mit *Datei > Speichern unter* unter dem Dateinamen *danke.htm* ab.

GÄSTEBUCH

GÄSTEBUCH BEI AOL
VORLAGE UND WEBSEITE
BESTÄTIGUNG
UPLOAD BEI AOL
GÄSTEBUCH BEI T-ONLINE
DIALOGELEMENTE

Es ist vollkommen legitim, eine Homepage zur reinen Selbstdarstellung zu nutzen. Auf Dauer aber ist man als Anwender wahrscheinlich froh über eine Reaktion auf die eigene Webseite. Dies kann sich auf das Layout und das Design der Seite beziehen; ebenso sinnvoll (und spannend) ist es aber, Reaktionen auf den Inhalt der Seite zu provozieren. Anregungen, positive oder negative Kritik, Verbesserungsvorschläge etc. lassen sich hervorragend in einem so genannten Gästebuch sammeln. Jeder Besucher Ihrer Site kann sich in einem solchen Gästebuch verewigen – ob mit einem kurzem Eintrag oder mit einer seitenfüllenden Auseinandersetzung mit Ihrer Homepage. Denken Sie daran, dass das Web von der Kommunikation lebt!

Bauen Sie also ein Gästebuch in Ihre Homepage ein. Die Besucher Ihrer Webseiten können Ihnen dort einen Gruß hinterlassen, oder Sie bieten es als Diskussionsforum zu einem bestimmten Thema an. Viele Online-Dienste und Internet-Provider stellen Ihnen fertige Gästebücher zur Verfügung, die Sie nur noch an Ihre Zwecke anpassen müssen.

GÄSTEBUCH

Eintrag für das Gästebuch

Bitte füllen Sie dieses Formular aus und senden Sie es ab. Ihr Eintrag wird anschließend in das Gästebuch übernommen.

2 Überschrift und Text ändern

3 Spalten markieren und entfernen

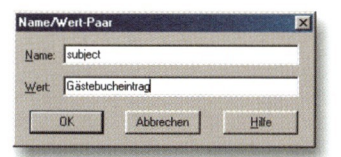

11 Name und Wert bestimmen

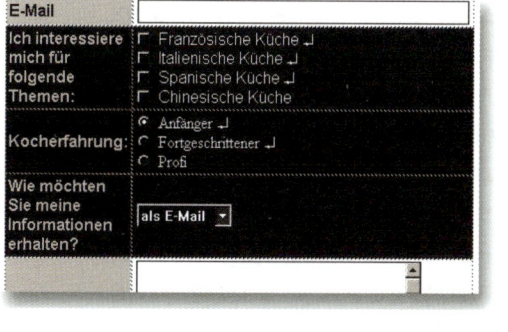

Verborgene Felder

Name	Wert
ResponsePage	"http://members.aol.com/bala
subject	"Kontaktaufnahme"

Hinzufügen...
Ändern...
Entfernen

9 Verborgene Felder markieren und löschen

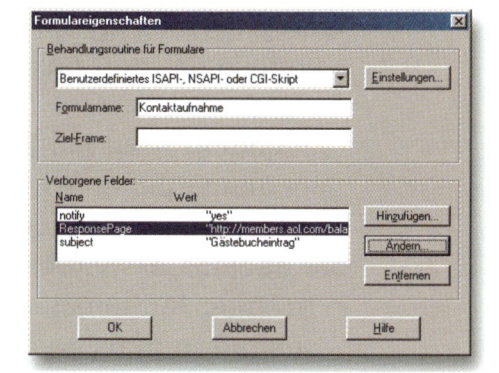

13 Mit *OK* bestätigen und abspeichern

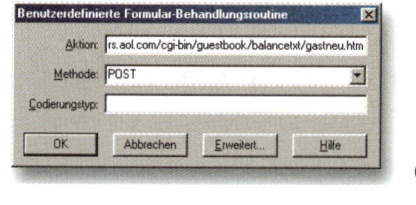

8 Adresse eingeben

Bei der Sammlung von CGI-Skripten für seine Mitglieder bietet AOL auch ein Gästebuch an.
Für das Eingabeformular greifen wir auf das Formular zurück, das wir Ihnen im vorigen Kapitel vorgestellt haben. Sie müssen dort wenige Änderungen vornehmen.

1 Starten Sie FrontPage Express und laden Sie das Formular *kontakt.htm* aus dem letzten Kapitel ein.

2 Ändern Sie die Überschrift in »Eintrag für das Gästebuch« und geben Sie einen neuen Einführungstext ein.

3 Markieren Sie die drei Tabellenspalten mit den *Themen*, der *Kocherfahrung* und dem *Informationsweg* und betätigen Sie anschließend die [Entf]-Taste.

4 Ersetzen Sie in der Spalte *Ihre Nachricht an mich* den Text durch »Ihr Eintrag ins Gästebuch«.

5 Speichern Sie die Datei mit dem Befehl *Datei > Speichern unter* mit dem Namen *gastform.htm* ab. Am besten verwenden Sie dabei den Ordner mit den Formularen aus dem letzten Kapitel.

6 Klicken Sie mit der rechten Maustaste in das Formular und wählen Sie *Formulareigenschaften*.

7 Klicken Sie auf die Schaltfläche *Einstellungen*.

8 Geben Sie in das Feld *Aktion* die Adresse http://members.aol.com/cgi-bin/guestbook/ihrname/gastneu.htm ein. Für *ihrname* verwenden Sie Ihren AOL-Namen. Klicken Sie auf *OK*.

9 Markieren Sie nacheinander im Bereich *Verborgene Felder* die aus dem Ursprungsformular stammenden Einträge *ResponsePage* und *subject* und löschen Sie sie mit einem Klick auf *Entfernen*.

10 Klicken Sie auf *Hinzufügen* und geben Sie unter *Name* den Text »notify« und unter *Wert* den Text »yes« ein. Dadurch werden Sie

per E-Mail über einen neuen Eintrag informiert. Klicken Sie auf *OK*.

11 Klicken Sie auf *Hinzufügen* und geben Sie unter *Name* »subject« und unter *value* »Gästebucheintrag« ein. Dieser Text bildet die *Betreff*-Zeile der E-Mail, die Sie über neue Einträge informiert. Klicken Sie auf *OK*.

12 Klicken Sie auf die *Hinzufügen* und geben Sie unter *Name* den Text »ResponsePage« und unter *Wert* die Adresse http://members.aol.com/ihrname/gastbuch/gastdank.htm ein. Diese Adresse ruft die noch zu erstellende Bestätigungsseite auf.

13 Das Formular für den Gästebucheintrag ist nun erstellt. Schließen Sie das Fenster mit einem Klick auf *OK* und speichern Sie das Formular mit dem Befehl *Datei > Speichern* und *Als Datei* ab.

GÄSTEBUCH

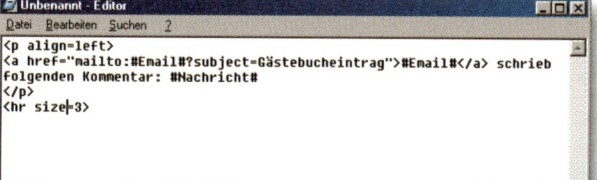

2 HTML-Code eingeben

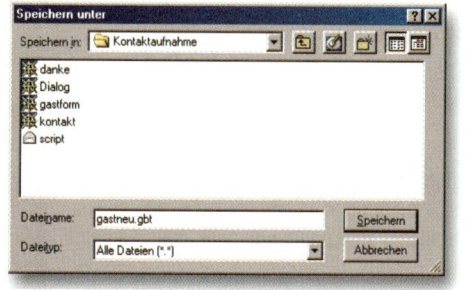

3 Datei unter *gastneu.gbt* abspeichern

Gästebuch von Hans Mustermann

Folgende Besucher meiner Homepage haben sich dort bereits eingetragen:

5 Text eingeben

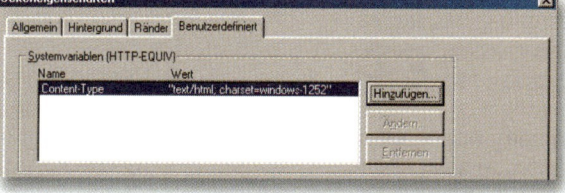

7 Auf *Hinzufügen* klicken

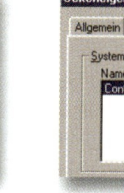

8 Name und Wert eingeben

10 Im Windows-Editor zwei Zeilen löschen

Die Vorlage (bei AOL *Schablone* genannt) für das Gästebuch ist der eigentliche Gästebucheintrag. Es handelt sich hierbei um eine reine Textdatei, die mit einem Texteditor erstellt werden muss.
Die Webseite für das Gästebuch bildet den Rahmen für die Gästebucheinträge. Auf diese Seite verweisen Sie später von Ihren Webseiten aus.

1 Öffnen Sie mit dem Befehl *Start > Programme > Zubehör > Editor* den Texteditor von Windows 98.

2 Damit der Eintrag in Ihrem Gästebuch schön aussieht, sind nun einige HTML-Zeilen notwendig. Geben Sie folgende Zeilen ein:

```
<p align=left>
<a href="mailto:#E-Mail#
?subject=Gästebucheintrag">
#E-Mail#</a> schrieb
folgenden Kommentar:
#Nachricht#
</p>
<hr size=3>
```

3 Speichern Sie die Vorlage mit *Datei > Speichern unter* als Datei *gastneu.gbt* ab. Die Endung *.gbt* ist sehr wichtig, damit die Vorlage vom CGI-Skript erkannt wird. Der Dateiname selbst muss exakt mit dem

Dateinamen des noch zu erstellenden Gästebuchs (*gastneu.htm*) übereinstimmen.

4 Öffnen Sie in FrontPage Express mit *Datei > Neu* eine neue Seite und geben Sie dort die Überschrift »Gästebuch von IhrName« ein. Formatieren Sie die Überschrift nach Ihren Wünschen.

5 Geben Sie einen Einleitungstext ein. Formatieren Sie auch diesen Text beliebig.

6 Klicken Sie mit der rechten Maustaste in das Dokument und wählen Sie *Seiteneigenschaften*.

7 Klicken Sie auf die Registerkarte *Benutzerdefiniert* und anschließend im Bereich *Systemvariablen [HTTP-EQUIV]* auf die Schaltfläche *Hinzufügen*.

8 Geben Sie in das Feld *Name* den Text »expires« und in das Feld *Wert* die Zahl »0« ein. Klicken Sie anschließend auf *OK*.

9 Nachdem Sie das Fenster *Seiteneigenschaften* mit einem Klick auf *OK* geschlossen haben, speichern Sie die Seite mit den Befehlen *Datei > Speichern* und *Als Datei* unter dem Namen *gastneu.htm* ab. Der Dateiname muss exakt mit dem der Vorlage übereinstimmen.

10 Sie müssen nun noch einen kleinen Eingriff in den HTML-Code vornehmen. Öffnen Sie dafür die gerade gespeicherte Datei *gastneu.htm* mit dem Programm-Editor von Windows 98 und löschen Sie die letzten beiden Zeilen </body> und </html>. Speichern Sie die Datei anschließend wieder ab.

GÄSTEBUCH

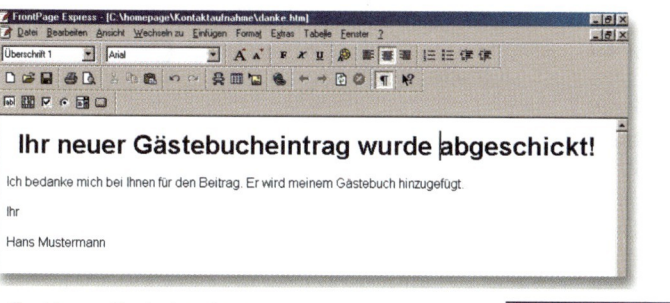

1 Neuen Text eingeben

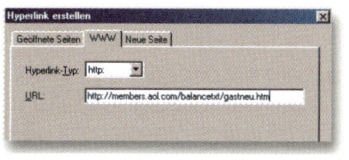

3 Web-Adresse angeben

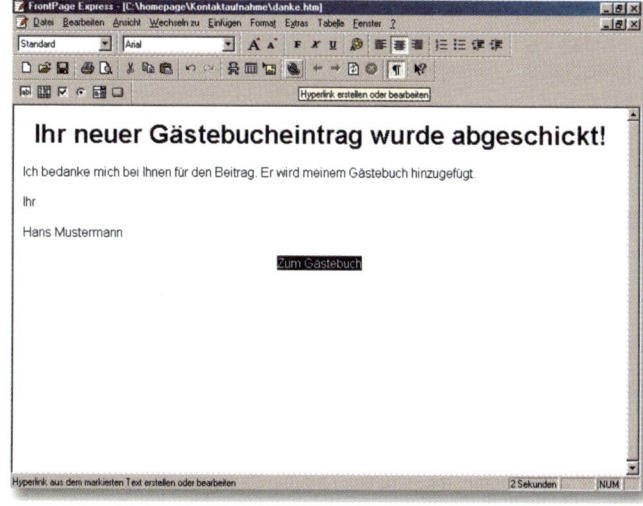

2 Hyperlink zum Gästebuch erstellen

Damit der Besucher weiß, dass sein neuer Gästebucheintrag in das Gästebuch eingefügt wurde, sollten Sie noch eine Webseite anfertigen, die erscheint, sobald er
das Eintragsformular abgeschickt hat. Auch hier greifen wir wieder auf eine
Webseite zurück, die wir schon im letzten Kapitel vorgestellt haben.

1 Öffnen Sie in FrontPage Express die Datei *danke.htm*, die Sie im letzten Kapitel erstellt haben, und ändern Sie den Text entsprechend Ihren Vorgaben ab.

2 Damit der Besucher seinen Eintrag direkt lesen kann, geben Sie am Ende der Seite den Text »Zum Gästebuch« ein, markieren ihn und klicken auf das Symbol *Hyperlink erstellen oder bearbeiten*.

3 Geben Sie in das Feld *URL* die Web-Adresse http://members.aol.com/ihrname/gastneu.htm ein.

Als Ersatz für *ihrname* verwenden Sie Ihren natürlich Ihren eigenen AOL-Namen.

4 Speichern Sie die Webseite mit *Datei > Speichern unter* und *Als Datei* unter dem Namen *gastdank.htm* ab.

1 Kennwort eingeben

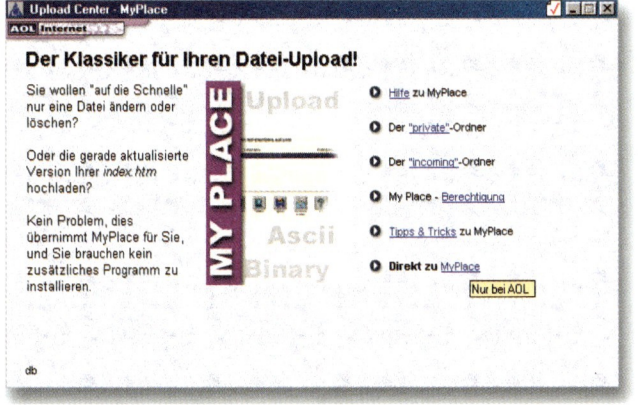

2 Direkt zu My Place gehen

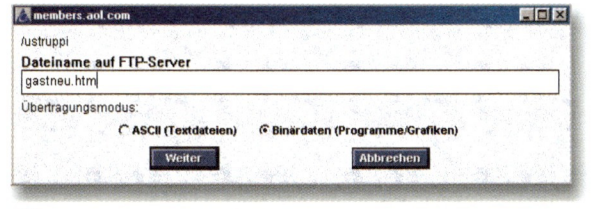

3 *gastneu.htm* hochladen

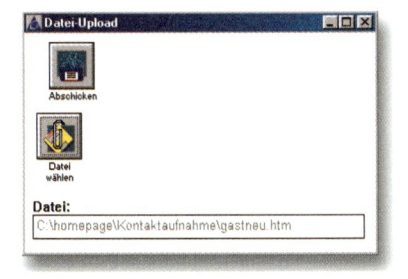

4 Datei auswählen und abschicken

Das Hochladen der Seiten auf Ihren Webspace bei AOL geschieht wie bei den Formularen aus dem vorigen Kapitel. Wir beschränken die Beschreibung deshalb in den folgenden Schritten auf das Notwendigste.

1 Starten sie AOL und rufen Sie mit der Tastenkombination ⌨Strg⌨ + ⌨K⌨ das Kennwort *myplace* auf. Klicken Sie auf der entsprechenden Seite auf den Hyperlink *MyPlace*.

2 Im *Upload-Center – My Place* gehen Sie auf *Direkt zu My Place*.

3 Klicken Sie auf die Schaltfläche *Upload* und geben Sie in das Eingabefeld den Dateinamen *gastneu.htm* ein. Klicken Sie anschließend auf *Weiter*.

! Die Datei des Gästebuchs sowie die gleichnamige Vorlagendatei mit der Endung *.gbt* müssen in das Hauptverzeichnis kopiert werden, weil das CGI-Skript die Datei dort sucht. Alle anderen Dateien können der besseren Übersicht wegen in einen eigenen Ordner kopiert werden.

4 Klicken Sie auf *Datei wählen*, suchen Sie die Datei *gastneu.htm*

auf Ihrer Festplatte und klicken Sie anschließend auf *Abschicken*. Die Datei wird in das Hauptverzeichnis Ihres Webspaces kopiert. Wiederholen Sie diesen Vorgang auch mit der Datei *gastneu.gbt*.

5 Klicken Sie auf die Schaltfläche *Verzeichnis erstellen* und richten Sie einen neuen Ordner mit dem Namen *gastbuch* ein. Kopieren Sie die Dateien *gastdank.htm* und *gastform.htm* in diesen Ordner.

6 Testen Sie nun Ihr Gästebuch, indem Sie die Webseite http://members.aol.com/IhrName/gastbuch/gastform.htm aufrufen, einige Testdaten eingeben und diese abschicken.

7 Wenn alles richtig eingerichtet ist, erscheint nun die Bestätigungsseite. Um sich den Eintrag anzusehen, klicken Sie auf den Hyperlink *Zum Gästebuch*.

8 Das Gästebuch enthält nun den ersten Eintrag. Sie werden schnell feststellen, wie Ihr Gästebuch wächst, wenn mehrere Einträge vorgenommen wurden.

! Wenn Sie eine Änderung an Ihrem Gästebuch vornehmen und die Datei *gastneu.htm* erneut hochladen, werden alle bisherigen Einträge gelöscht. Laden Sie sich deshalb erst die Datei auf Ihren PC herunter und nehmen Sie die Änderungen dann dort vor.

9 Öffnen Sie nun noch Ihre Mailbox, um sich die eintreffenden Benachrichtigungs-E-Mails anzuschauen. Klicken Sie auf *Lesen*.

10 Die E-Mail enthält den neuen Eintrag, wie er im Gästebuch erscheint.

GÄSTEBUCH

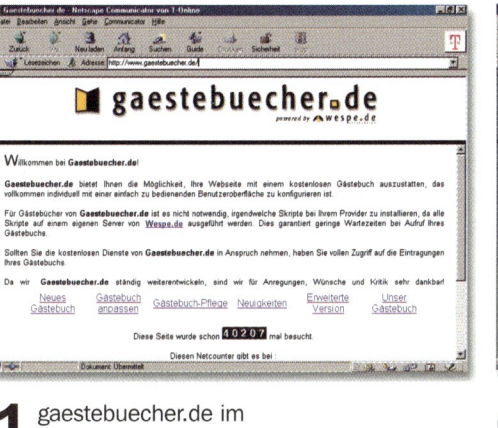

1 gaestebuecher.de im Web-Browser aufrufen

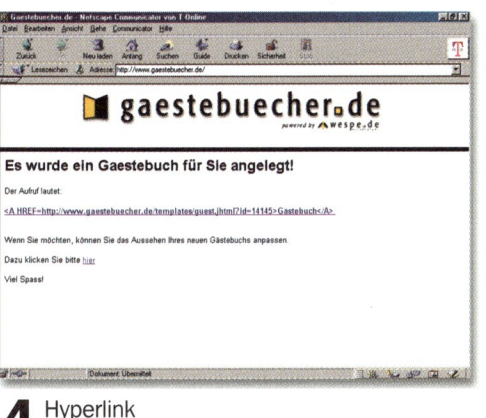

4 Hyperlink anklicken

9 Gästebuch anpassen

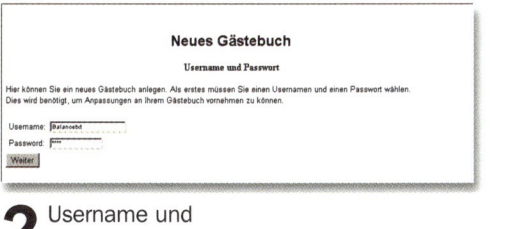

2 Username und Passwort vergeben

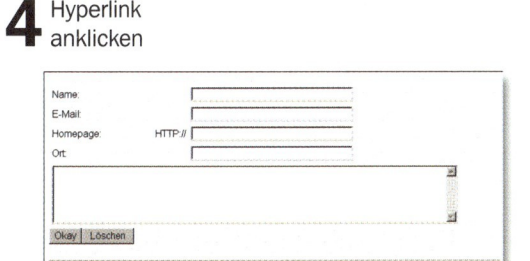

7 Der erste Eintrag

10 Einträge ändern, löschen oder kommentieren

T-Online stellt leider (noch) keine CGI-Skripte für seine Mitglieder zur Verfügung, deshalb müssen Sie beim Erstellen eines Gästebuchs, ähnlich wie bei den Formularen aus dem letzten Kapitel, auf externe Anbieter zurückgreifen.

1 Starten Sie Ihren Web-Browser und rufen die Seite http://www.gaestebuecher.de auf. Klicken Sie auf den Hyperlink *Neues Gästebuch*.

2 Geben Sie einen *Username* und ein *Password* ein. Klicken Sie anschließend auf *Weiter*.

3 Geben Sie Ihre persönlichen Daten ein und klicken Sie auf *Weiter*.

4 Sie erhalten nun den Aufruf für Ihr Gästebuch. Notieren Sie sich diese Zeile, da Sie diese später als Hyperlink in Ihre Homepage einbauen müssen. Klicken Sie auf die Aufrufzeile, um sich das Gästebuch anzu-schauen und einen Test durchzuführen.

5 Geben Sie in das Formular einige Testdaten ein und klicken Sie anschließend auf *Okay*. Dieses Formular sehen später auch Ihre Besucher.

6 Sie erhalten eine Bestätigung für den Eintrag in das Gästebuch. Klicken Sie auf *Zurück zum Gästebuch*.

7 Unterhalb des Eingabeformulars sehen Sie nun den ersten Eintrag. Alle neuen Einträge werden dort angefügt.

8 Wenn Sie das Aussehen Ihres Gästebuchs ändern möchten, klicken Sie auf der Startseite von *www.gaestebuecher.de* auf den Hyperlink *Gästebuch anpassen*.

9 Klicken Sie im linken Frame auf die Elemente, die Sie verändern möchten. Im rechten Frame können Sie anschließend die Änderungen vornehmen.

10 Über den Hyperlink *Gästebuchpflege* auf der Startseite von www.gaestebuecher.de können Sie einzelne Einträge ändern, löschen oder kommentieren.

! Ihr Gästebuch ist nun eingerichtet und Sie können auf Ihrer Homepage bei T-Online einen Hyperlink mit der Aufrufzeile auf Ihr Gästebuch anlegen.

GÄSTEBUCH

![FrontPage Express window]
FrontPage Express - [C:\homepage\Kontaktaufnahme\Dialog.htm]

Datei Bearbeiten Ansicht Wechseln zu Einfügen Format Extras Tabelle Fenster ?

[ohne] Arial

Hyperlink erstellen oder bearbeiten

| E-Mail | Kontaktaufnahme | Gästebuch |

1 Hyperlink erstellen

3 Hyperlink erstellen

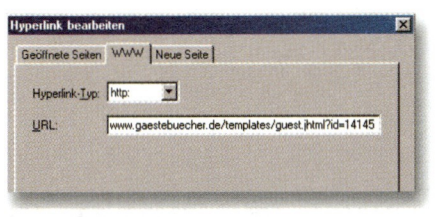

2 Web-Adresse
eingeben

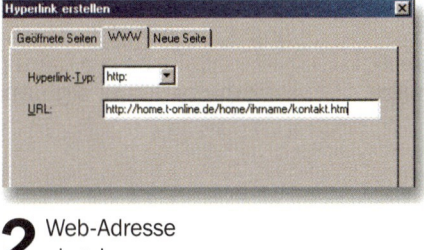

4 Web-Adresse
eingeben

Im letzten Kapitel haben wir Ihnen gezeigt, wie Sie Dialogelemente auf Ihrer Homepage einrichten. Damit Ihre Besucher zu den Formularen und Gästebüchern gelangen, müssen Sie entsprechende Hyperlinks einrichten.

1 Öffnen Sie in FrontPage Express die im letzten Kapitel angelegte Seite *Dialog.htm*. Markieren Sie das Wort *Kontaktaufnahme* und klicken Sie auf das Symbol *Hyperlink erstellen oder bearbeiten*.

2 Geben Sie in das Feld URL die Web-Adresse ein, unter der Ihr Formular zu finden ist:

AOL:
http://members.aol.com/aolname/formular/kontakt.htm

T-Online:
http://home.t-online.de/home/ihrname/kontakt.htm

! Wiederholen Sie den Schritt auch mit dem Symbol für die *Kontaktaufnahme*.

3 Markieren Sie nun das Wort Gästebuch und klicken Sie erneut auf das Symbol *Hyperlink erstellen oder bearbeiten*.

4 Geben Sie in das Feld *URL* die Web-Adresse ein, unter der Ihr Formular zu finden ist:

AOL:
http://members.aol.com/IhrName/gastbuch/gastform.htm

T-Online:
Die Aufrufzeile von *gaestebuecher.de*

! Wiederholen Sie den Schritt auch mit dem Symbol für das Gästebuch.

! Ihr Besucher kann nun direkt auf das Formular oder das Gästebuch zugreifen. Bei AOL wird er allerdings zuerst zum Eingabeformular geführt. Wenn Sie ihn lieber erst zum Gästebuch und von dort zum Formular leiten möchten, müssen Sie noch einen entsprechenden Hyperlink in das Gästebuch einfügen.

HOTDOG PROFESSIONAL
HOMESITE
NETJET
ANDERE HTML-EDITOREN
PAINT SHOP PRO UND LVIEW PRO
GIF CONSTRUCTION SET
WEBGRAPHICS OPTIMIZER
PROBLEMLÖSUNGEN

WERKZEUGE

HTML- und Webseiten-Editoren gibt es mittlerweile wie Sand am Meer. Selbst mit einem Textverarbeitungsprogramm wie Microsoft Word lassen sich Webseiten erstellen. Manche dieser Programme sind sehr leistungsfähig und bieten viele Funktionen, andere eignen sich nur für einfache Webseiten. Wir stellen Ihnen im Nachfolgenden einige Editoren vor, die Sie entweder als Ersatz für das in diesem Buch beschriebene Programm FrontPage Express verwenden können oder auf die Sie zurückgreifen können, wenn Sie Webseiten direkt in HTML erstellen möchten.

Achtung: Viele Webseiten-Entwickler erstellen ihre Seiten in einem WYSIWYG-Editor und nehmen lediglich die Feinarbeiten später in einem HTML-Editor vor. Alle WYSIWYG-Editoren bieten auch eine HTML-Ansicht, in der Sie direkt den Quellcode bearbeiten können. Diese sind allerdings nicht sehr leistungsfähig, sodass sich die Anschaffung eines der nachfolgend vorgestellten Editoren lohnt.

Neben den Webseiten-Editoren sind Programme zur Grafikbearbeitung das wichtigste Werkzeug für Web-Autoren. Bilder müssen vergrößert oder verkleinert, Grafiken in das GIF- oder JPG-Format umgewandelt, Farben müssen geändert oder mehrere Bilder zu einer animierten Sequenz zusammengesetzt werden.

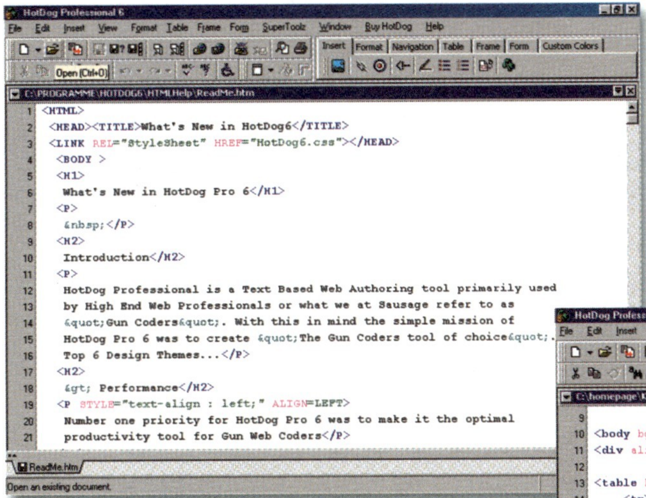

1 Dialog.htm in HotDog laden

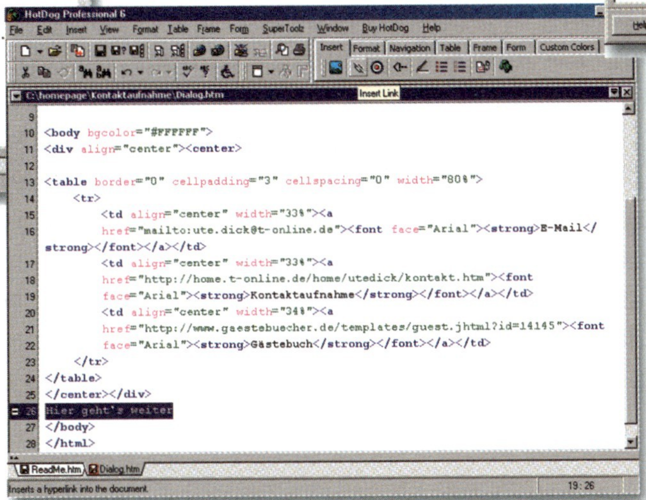

2 Text eingeben und *Insert Link* anklicken

3 Web-Adresse eingeben

Der HTML-Editor HotDog Professional ist einer der beliebtesten Shareware-Editoren. Eine 30-Tage-Demo-Version können Sie sich von der Web-Adresse http://www.sausage.com herunterladen. Obwohl er die Eingabe von HTML-Befehlen erfordert, erlaubt er durch Hunderte von kleinen Hilfestellungen auch Web-Autoren mit wenig bis mittleren HTML-Kenntnissen, sich schnell in die Software einzuarbeiten.

1 Starten Sie HotDog Professional und klicken Sie auf die Schaltfläche *Open*. Laden Sie anschließend die im Kapitel »Dialogelemente« erstellte Datei *Dialog.htm* ein.

2 Geben Sie vor dem Befehl *</body>* die Zeile »Hier geht's weiter« ein, markieren Sie den Satz und klicken Sie auf die Schaltfläche *Insert Link*.

3 Geben Sie in das Eingabefeld *URL* eine Web-Adresse ein und klicken Sie auf *OK*.

4 Dem Text wurden nun die Befehle für einen Hyperlink hinzugefügt und im unteren Frame sehen Sie das Ergebnis. Klicken Sie nun im Frame *HTML-Tags* auf den Befehl <center>.

5 Die CENTER-Befehle werden der Zeile nun hinzugefügt und im unteren Frame wird der Link zentriert dargestellt.

! Mit den beiden gezeigten Grundfunktionen lassen sich alle Webseiten mit HotDog bearbeiten. Befehle können entweder über die Symbole in den Registerkarten *Insert*, *Format*, *Navigation* oder *Styles* in den HTML-Code eingefügt werden oder über die Liste der HTML-Tags im gleichnamigen Frame.

WERKZEUGE

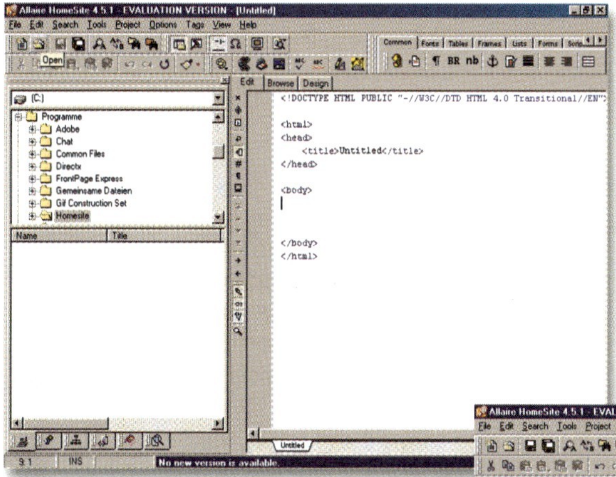

1 *Dialog.htm* in HomeSite laden

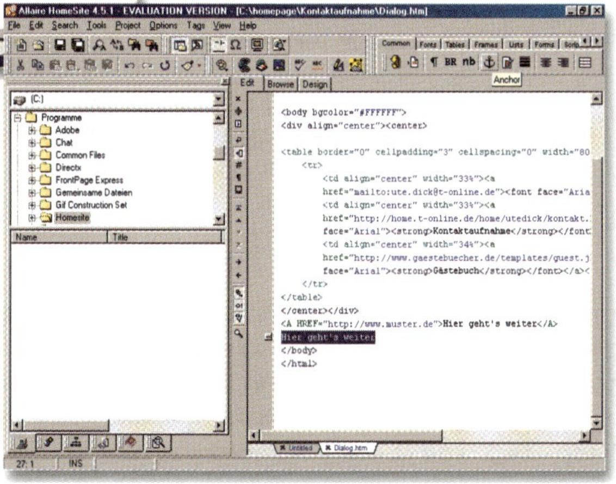

2 Text eingeben und auf *Anchor* klicken

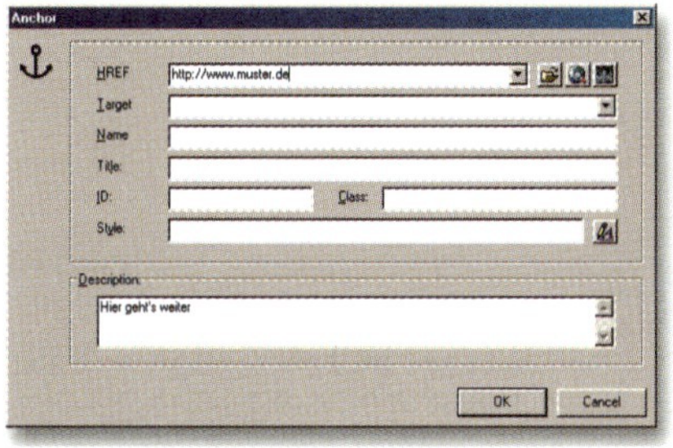

3 Web-Adresse eingeben

4 Hyperlink zentrieren

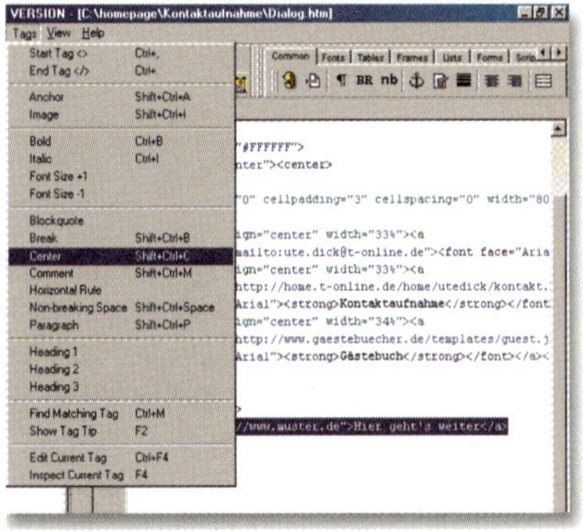

5 Das Ergebnis auf der Registerkarte *Browse*

HomeSite ist ein ausgezeichneter und äußerst umfangreicher HTML-Editor für professionelle Ansprüche. Die Seiten werden zwar über die Eingabe von HTML-Befehlen erzeugt, mit dem integrierten Internet Explorer können die erstellten Dokumente aber direkt angeschaut werden. Die Download-Adresse für eine 30-Tage-Testversion von HomeSite lautet http://www.allaire.com.

1 Starten Sie HomeSite, und klicken Sie auf die Schaltfläche *Open*. Laden Sie anschließend die im Kapitel »Dialogelemente« erstellte Datei *Dialog.htm* ein.

2 Geben Sie vor dem Befehl *</body>* die Zeile »Hier geht's weiter« ein. Markieren Sie den Satz und klicken Sie auf die Schaltfläche *Anchor*.

3 Geben Sie in das Eingabefeld *HREF* eine Web-Adresse ein und klicken Sie auf *OK*.

4 Dem Text werden nun die Befehle für einen Hyperlink hinzugefügt. Lassen Sie die Zeile markiert und klicken Sie nun im Menü *Tags* auf den Befehl *Center*.

5 Klicken Sie auf die Registerkarte *Browse*, um sich das Ergebnis anzusehen.

! Wie bei HotDog haben Sie auch bei HomeSite die Möglichkeit, Befehle über zwei Wege einzugeben: über die Registerkarten *Common*, *Fonts*, *Tables* usw. oder über die Befehle im Menü *Tag*.

WERKZEUGE

1 *Dialog.htm* in NetJet laden

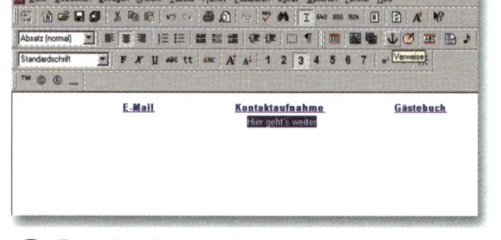

2 Text eingeben und auf *Verweise* klicken

3 Web-Adresse eingeben

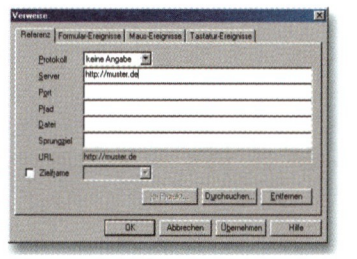

4 Quelltext anzeigen

5 Der HTML-Code

NetJet ist ein deutschsprachiger WYSIWYG-Webseiten-Editor, der sich als Ersatz für FrontPage Express eignet. Webseiten können wie in einem Textverarbeitungs- programm erstellt, aber auch in einer HTML-Ansicht bearbeitet werden. Eine 30- Tage-Probeversion erhalten Sie über die Web-Adresse http://www.xynx.de.

1 Starten Sie NetJet und klicken Sie auf die Schaltfläche *Doku- ment öffnen*. Laden Sie anschließend die im Kapitel »Dialogelemente« er- stellte Datei *Dialog.htm* ein.

2 Geben Sie unterhalb der existie- renden Zeilen den Text »Hier geht's weiter« ein. Markieren Sie den Satz und klicken Sie auf die Schalt- fläche *Verweise*.

3 Geben Sie in das Eingabefeld *Server* eine Web-Adresse ein und klicken Sie auf *OK*. Zentrieren Sie anschließend die Zeile mit einem Klick auf die entsprechende Schalt- fläche.

4 Die Zeile ist nun als Hyperlink eingerichtet. Lassen Sie die Zeile markiert und klicken Sie im Menü *Ansicht* auf den Befehl *Quelltext*.

5 Sie können nun den HTML-Code bearbeiten. In der Menü- und Symbolleiste stehen Ihnen dafür ei- nige Befehle zur Verfügung.

WERKZEUGE

Software zum Herunterladen (Download)

- Readme für die Softwarearchive
- Microsoft Internet Explorer
- Startpaket für Windows 95/98
- Startpaket für Windows 3.x
- Software für den MAC
- HTML - Editoren
- Utilities und Hilfsprogramme
- Bildbetrachter und Grafikprogramme
- Buttons/Icons für Ihre Homepage
- Cliparts für Ihre Homepage

AOL verkuppelt!

WEB PUBLISHING Download

FSCTnobby   Kennwort: Publish Software

1 Download-Archiv von AOL.

HTML-Editoren

Upld	Thema	Anzahl	Download
03.05.00	HTML-Editor Hot Dog Pro 6.0	150	10.05.00
03.04.00	Ynxl NeJut Vers. 2.50	1298	11.05.00
29.03.00	Internet Designer Pro Vers. 2.1	117	10.05.00
19.01.00	Homepage Baukasten 6.0	3039	11.05.00
12.01.00	HTML Editor HOTMetal PRO 6.0	419	10.05.00
07.01.00	HTML-Editor Arachnophilia 4.0	197	04.05.00
24.12.99	HTML-Editor Dreamweaver 3.0	269	10.05.00
08.12.99	HTML-Editor HP-Edit 8.0	765	10.05.00
27.11.99	Web-FiXm Gol 2.0	344	10.05.00
27.09.99	HTML Editor Phase 5	2414	10.05.00
13.08.99	Web Media Publisher Pro 3.1.0	166	09.05.00

Beschreibung lesen   Jetzt herunterladen   Später herunterladen   Upload   Mehr Daten

Sortieren nach: Upload-Datum

2 Sammlung von HTML-Editoren bei AOL

Die oben vorgestellten HTML- und Webseiten-Editoren sind nur ein Bruchteil der zur Verfügung stehenden Programme. Viele davon stehen als Shareware im WWW oder bei Online-Diensten zum Download bereit.

1 Bei AOL finden Sie eine umfangreiche Sammlung von HTML-Editoren im Download-Archiv der Homepage-Themenseite.

2 Sie erreichen diesen AOL-Bereich am schnellsten über die Kennwort-Eingabe. Nach dem Starten der AOL-Software und dem erfolgreichen Connect mit dem Online-Dienst wählen Sie die Tastenkombination [Strg]+[K] und geben dann in der Eingabezeile das Kennwort *Publish Software* ein.

3 Klicken Sie in der Liste auf *HTML-Editoren*.

4 Aus dem Archiv können Sie sich diverse Editoren auf Ihren PC herunterladen.

! Achten Sie bei den entsprechenden Programmen auf die Lizenzvereinbarungen. Shareware, Freeware, Test- oder Demoversionen unterscheiden sich oft nicht nur in dem Zeitraum, in dem Sie diese Software (meist kostenlos) nutzen können, sondern oft auch durch ihren eventuell eingeschränkten Funktionsumfang.
Grundsätzlich gilt, dass Sie nicht zum »Jäger und Sammler« von HTML-Editoren werden sollten. Die Funktionalität der einzelnen Editoren ist nämlich oft sehr ähnlich.

Definieren Sie für sich selbst Kriterien, um festzulegen, welche Ansprüche Sie an einen Editor haben, z. B. ob er über eine deutschsprachige Benutzeroberfläche verfügt, oder ob Sie sich mit einer englischsprachigen zufrieden geben können. Es ist oft unsinnig, einen hoch komplexen Editor zur Verfügung zu haben, wenn man lediglich eine Webseite mit zwei oder drei Textlinks kreieren will. Überlegen Sie sich also vor der Realisation Ihrer Webseite, welche Ansprüche Sie an die Gestaltung, das Layout und die Funktion Ihrer Webseiten stellen. Beachten Sie, dass auch bei Homepages der Inhalt durchaus wichtiger als die Form sein kann!

WERKZEUGE

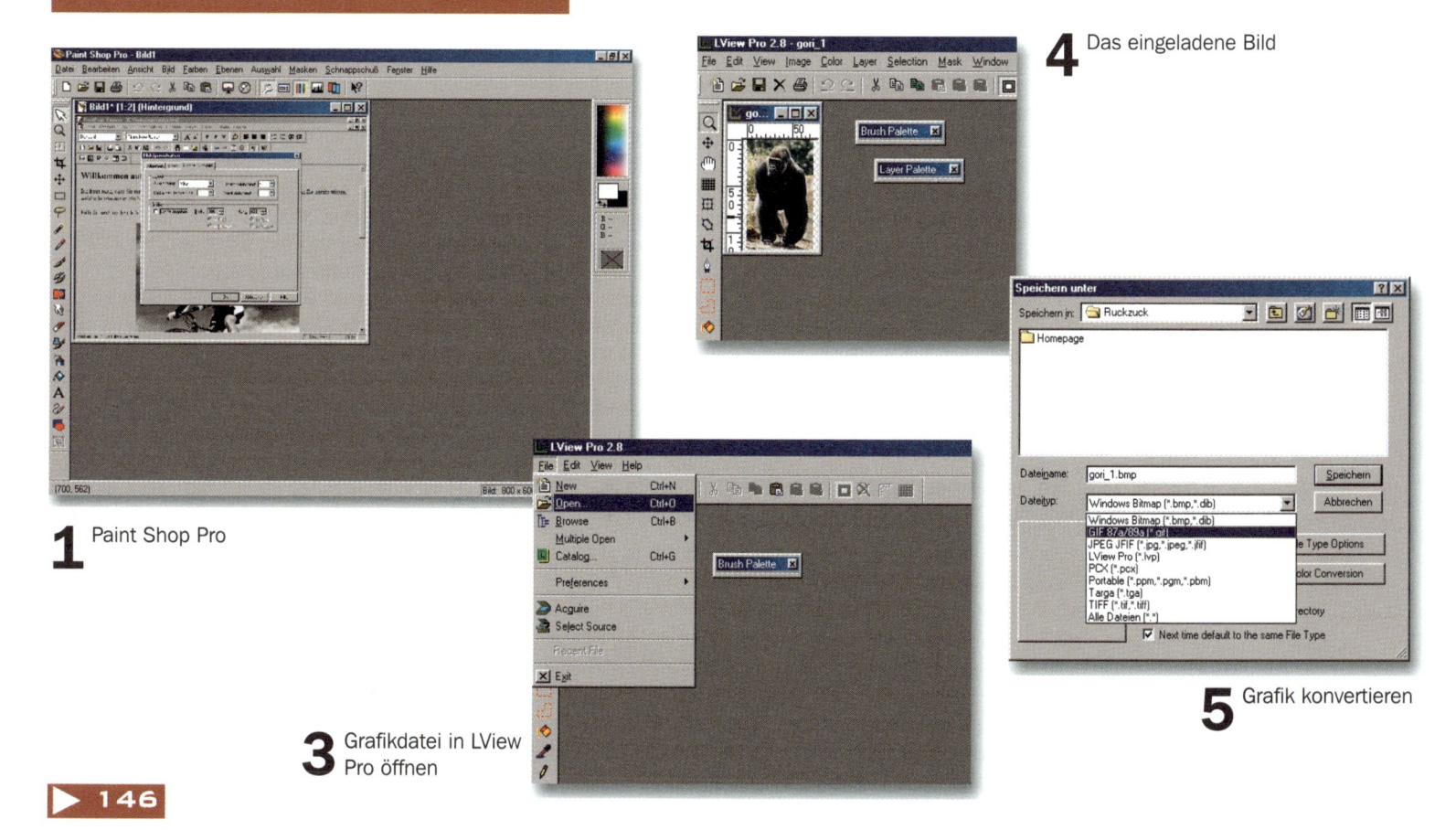

4 Das eingeladene Bild

1 Paint Shop Pro

3 Grafikdatei in LView Pro öffnen

5 Grafik konvertieren

Paint Shop Pro ist das bekannteste Programm zur Bildbearbeitung. Im Kapitel »Grafiken« haben Sie bereits Einiges zu diesem Grafik-Tool erfahren. Unter der Adresse www.jasc.com können Sie eine 30-Tage-Probeversion herunterladen. Die Abbildungen in diesem Buch wurden übrigens alle mit Paint Shop Pro erstellt. LView Pro ist eine mögliche Alternative zu Paint Shop Pro, zumal es für den Privatgebrauch ganz umsonst ist. Die Download-Adresse lautet http://www.lview.com.

1 Mit Paint Shop Pro lässt sich der Bildschirm abfotografieren, können Bildformate umgewandelt oder Grafiken bearbeitet werden.
Über die oben genannte Adresse können Sie sich eine 30-Tage-Probeversion auf Ihren PC laden. Wer noch die älteren Versionen von PaintShop Pro kennt, wird von dem Leistungs- und Funktionsumfang der aktuellen Version überrascht, ja geradezu erschlagen, denn für eine derartige Software steht die Funktionalität hinter der von professionellen Programmen wie PhotoShop etc. auf den ersten Blick kaum zurück.
Ähnlich wie bei den Editoren sollten Sie sich überlegen, ob Sie für Ihre

Bildbearbetung tatsächlich mit einem Programm arbeiten wollen, von dem Sie lediglich fünf oder zehn Prozent der Funktionalität in Anspruch nehmen. Im Zweifelsfall entscheiden Sie sich ohne Bedenken für eine etwas ältere Version, die vielleicht nicht so viel bietet, für Ihre Ansprüche aber vollkommen ausreichend ist und vor allem von Ihnen keine lange Einarbeitungszeit erfordert.

2 Wie Paint Shop Pro auch wird LWiew Pro als selbstentpackende ausführbare Datei geliefert. Die Installation starten Sie mit einem Doppelklick auf die komprimierte EXE-Datei.

3 Starten Sie das Programm, klicken Sie auf den Befehl *File > Open* und öffnen Sie eine beliebige Grafikdatei, die sich auf Ihrer Festplatte befindet.

4 Das Bild wird eingeladen und angezeigt. Klicken Sie nun auf die Schaltfläche *Save File*.

5 Öffnen Sie das Listenfeld *Dateityp* und klicken Sie auf das Dateiformat, in das Sie die Grafik konvertieren möchten. Für den Einsatz in Webseiten müssen Sie die Dateiformate GIF oder JPG verwenden.

WERKZEUGE

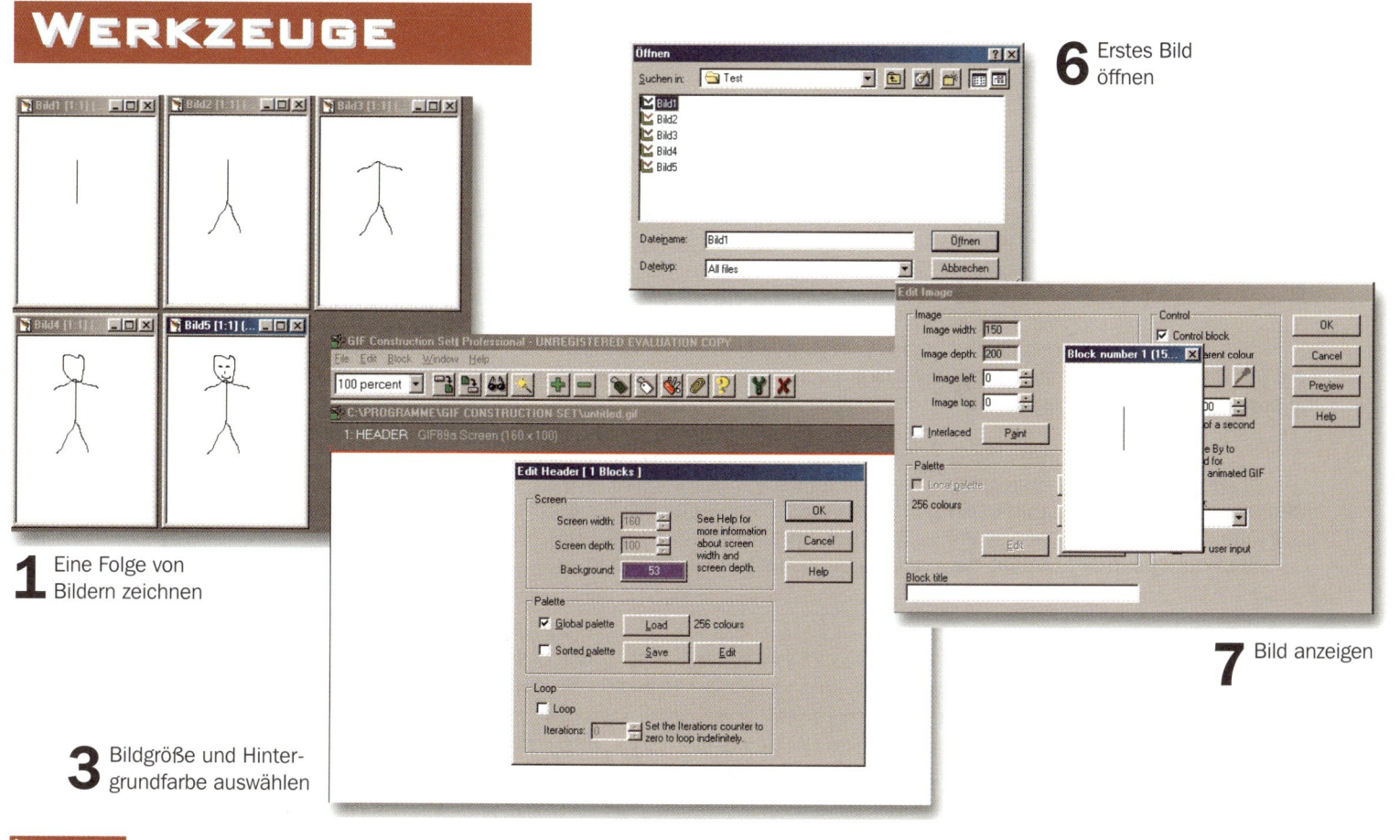

1 Eine Folge von
Bildern zeichnen

3 Bildgröße und Hintergrundfarbe auswählen

6 Erstes Bild
öffnen

7 Bild anzeigen

Sicherlich sind Ihnen auf diversen Webseiten schon die animierten Grafiken aufgefallen, die die Aufmerksamkeit des Besuchers auf sich ziehen. Dies kann beispielsweise ein fliegender Brief, ein drehender Ball, ein laufender Hund o. Ä. sein. Hierbei handelt es sich um so genannte »Animated GIFs«, bei denen mehrere Einzelbilder zu einer Sequenz zusammengefasst wurden. Mit dem GIF Construction Set können Sie solche animierten Grafiken selbst erstellen. Das Programm erhalten Sie auf der Webseite http://www.mindworkshop.com.

1 Als ersten Schritt müssen Sie eine Folge von einzelnen Bildern anfertigen. In unserem Beispiel haben wir mit dem Programm *Paint* eine einfache Figur gezeichnet und als einzelne Bilder abgespeichert.

2 Starten Sie nun das GIF Construction Set und öffnen Sie mit *File > New* ein neues Dokument.

3 Markieren Sie die *Header*-Zeile und klicken Sie doppelt darauf. Geben Sie im Bereich *Screen* die gewünschte Bildgröße ein und wählen Sie unter *Background* eine Hintergrundfarbe aus. Klicken Sie anschließend auf *OK*.

4 Klicken Sie auf die Schaltfläche *Insert* und wählen Sie den Befehl *Loop*.

5 Klicken Sie erneut auf *Insert* und wählen Sie diesmal den Befehl *Control*. Klicken Sie anschließend auf *Edit* und stellen Sie bei *Delay* die Zeit ein, wie lange das erste Bild sichtbar sein soll. Schließen Sie das Fenster mit *OK*.

6 Klicken Sie auf *Insert* und anschließend auf *Image*. Suchen Sie das erste Bild der Sequenz auf Ihrer Festplatte und klicken Sie auf *OK*.

7 Klicken Sie im Fenster *Palette* einfach auf *OK*. Das erste Bild der Sequenz ist nun eingefügt und kann durch Doppelklick bearbeitet und angezeigt werden.

8 Fügen Sie nun jeweils nacheinander einen *Control*-Befehl mit der entsprechenden Zeiteinstellung und das nächste Bild ein. Klicken Sie anschließend auf *View*.

9 Das animierte Bild wird nun abgespielt und Sie können nachprüfen, ob der Ablauf Ihren Wünschen entspricht. Mit einem Klick auf die rechte Maustaste schließen Sie die Anzeige wieder.

10 Speichern Sie das Bild mit *File > Save as* ab. Aus den Einzelbildern wird eine einzige GIF-Datei erzeugt, die Sie nun in Ihre Homepage einbauen können.

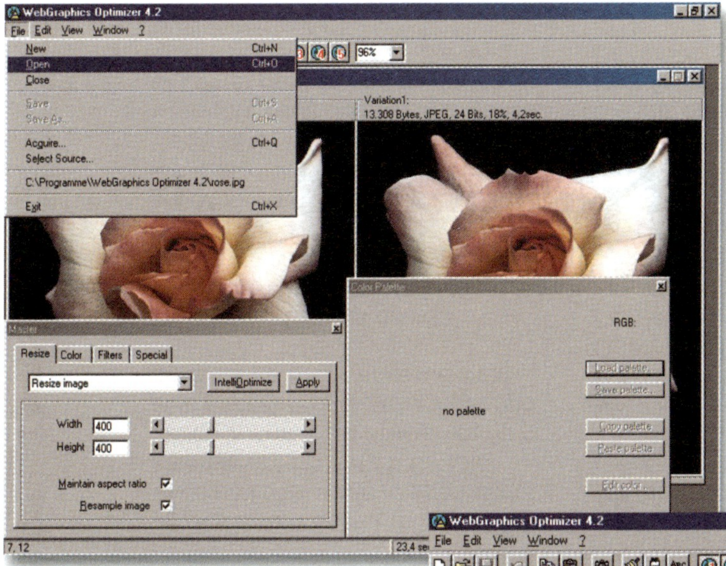

WERKZEUGE

1 Bilddatei in WebGraphics Optimizer laden

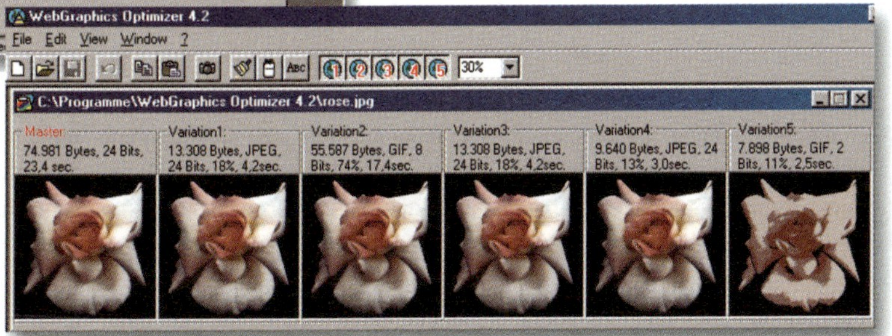

2 Variationen 1 bis 5 auf dem Bildschirm anzeigen lassen

3 Bild mit kleinstmöglicher Größe und guter Qualität

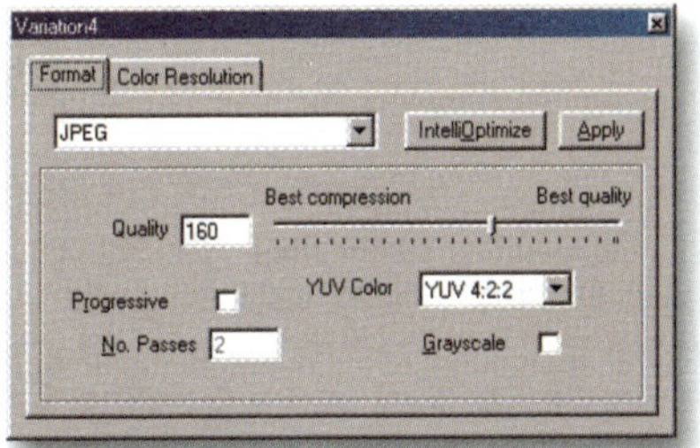

4 *IntelliOptimize* versucht, die beste Darstellung zu finden

150

Bilder und Grafiken machen eine Webseite zwar sehr attraktiv, sie benötigen aber auch teilweise sehr lange Ladezeiten. Der WebGraphics Optimizer hilft Ihnen dabei, eine möglichst hohe Bildqualität in möglichst wenig Bytes zu packen. Er kann alle populären Bildformate einlesen und zeigt anschließend das Original und bis zu fünf komprimierte Variationen an. Sie brauchen nur noch das beste Bild mit der besten Relation zwischen Qualität und Dateigröße herauszusuchen und abzuspeichern. Unter der Web-Adresse http://webopt.com können Sie das Programm herunterladen.

1 Starten Sie das Programm und laden Sie mit *File > Open* eine Bilddatei ein.

2 Schließen Sie das Fenster *Color Palette*, um mehr Platz auf dem Bildschirm zu haben. Klicken Sie nacheinander auf die Schaltflächen *Variation 1 bis 5*, um sich fünf verschiedene Bildqualitäten anzeigen zu lassen.

3 Suchen Sie sich das Bild aus, das bei der kleinstmöglichen Größe noch eine annehmbare Qualität bie-

tet. Über jedem Bild sind die entsprechenden Daten und die Einladezeit angegeben. Klicken Sie auf das gewünschte Bild.

4 Klicken Sie im Bearbeitungsfenster auf die Schaltfläche *IntelliOptimize*. Das Programm versucht nun, die bestmöglichste Darstellung zu finden. Wenn Sie damit zufrieden sind, übernehmen Sie die Änderungen mit einem Klick auf *Apply*.

! Bei Bildern im GIF-Format können Sie hier auch eine Farbe transparent darstellen und das Format *Interlaced* auswählen. Bei JPG-Bildern lassen sich die Kompressionsrate und andere Einstellungen verändern.

5 Speichern Sie die gewünschte Variation mit *File > Save as* ab. Sie haben nun das beste Verhältnis zwischen Qualität und Dateigröße aus Ihrem Bild herausgeholt und können es in Ihrer Homepage verwenden.

WERKZEUGE

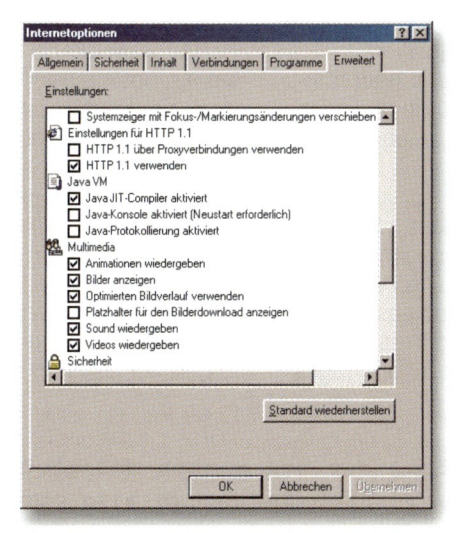

A Option *Größe ange-*
ben aktivieren

B *Animationen wiedergeben*
muss aktiviert sein

Problem A: Beim Einladen einer Webseite in den Browser werden zuerst der Textinhalt eingelesen und anschließend erst die vorhandenen Grafikinformationen. Kommt es nach der Veröffentlichung der Seite beim Einlesen in den Browser zu unschönen Verschiebungen im Layout, werden wahrscheinlich keine Bildplatzhalter eingesetzt, die den Freiraum für ein Bild reservieren, bis dieses vollständig eingeladen ist.

! Öffnen Sie den Dialog *Bildeigenschaften* und wechseln Sie zur Registerkarte *Erscheinungsbild*.

Markieren Sie hier unbedingt bei jeder Ihrer Web-Grafiken die Option *Größe angeben*, ohne die Werte zu

verändern, um dieses Problem aus der Welt zu schaffen.

Problem B: Im Internet Explorer werden keine animierten GIF-Grafiken angezeigt. Wenn bei der Anzeige einer Webseite im Internet Explorer animierte GIF-Grafiken als Standbild angezeigt werden, ist vermutlich die entsprechende Anzeigeoption deaktiviert.

! Wählen Sie in der Menüleiste *Ansicht* den Eintrag *Internetoptionen*. Wechseln Sie zur Regis-

terkarte *Erweitert* und aktivieren Sie im Bereich *Multimedia* die Option *Animationen wiedergeben*.

C1 Das verzerrte Bild

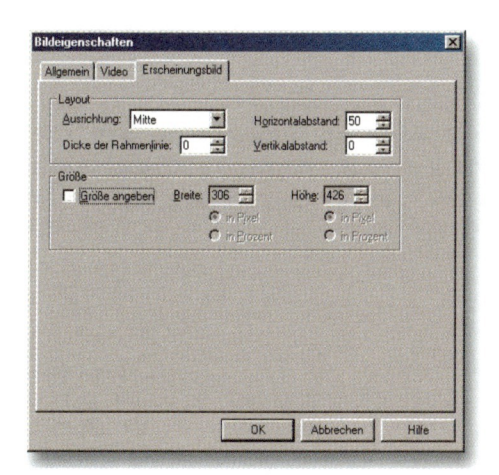

C2 Neue Werte bei *Größe angeben* eintragen

1 Das Bild auf dieser Webseite wird eindeutig verzerrt dargestellt.

2 Öffnen Sie die *Bildeigenschaften* der Grafik, wechseln Sie auf die Registerkarte *Erscheinungsbild*, deaktivieren Sie kurzfristig die Option *Größe angeben* und merken Sie sich die angezeigten Werte für *Breite* und *Höhe*. Aktivieren Sie das Feld *Größe angeben* wieder und tragen Sie die ermittelten Originalwerte ein – die Grafik sollte jetzt normal dargestellt werden.

! In einem Fall wie diesem ist es auf jeden Fall sinnvoll, das Originalbild mithilfe eines Bildbearbeitungsprogramms zu öffnen und dort die entsprechenden Maße und Werte zu überprüfen. Beachten Sie auch, dass Sie Pixelgrafiken (GIFs, JPGs, TIFs etc.) nicht beliebig vergrößern können, ohne dass sie nur noch verpixelt, d. h. mit einem nachweisbaren Qualitätsverlust dargestellt werden. Im Gegensatz zu Vektorgrafiken bestehen Pixelgrafiken oder so genannte Bitmaps aus einer Folge von Bildpunkten. Jede Größenänderung, ob proportional oder verzerrt, hat zur Folge, dass sich auch die Auflösung des Bildes ändert. Wollen Sie die Größenverhältnisse einer Grafik ändern, sollten Sie sich darum der entsprechenden Funktion (z. B. *Resize*) des verwendeten Bildbearbeitungsprogrammes bedienen.

VERÖFFENTLICHUNG

WEBSEITEN TESTEN

HOCHLADEN BEI AOL

WEBSPACE BEARBEITEN

WEBPUBLISHING-ASSISTENT

MIT WS-FTP HOCHLADEN

Bevor Sie Ihre Webseiten veröffentlichen, sollten Sie diese erst mit den beiden am häufigsten verwendeten Web-Browsern testen – dem Internet Explorer von Microsoft und dem Navigator von Netscape. Beide Browser können Sie kostenlos aus dem Web downloaden; der Microsoft Internet Explorer gehört zur Standardausstattung der unterschiedlichen Windows-Versionen.

Gerade bei sehr aufwendig konstruierten Webseiten kann es nämlich vorkommen, dass die Web-Browser die Seite unterschiedlich darstellen, schlimmstenfalls sogar fehlerhaft. Es macht also wenig Sinn, stundenlang Tabellen oder Text auf den Millimeter genau auszurichten, wenn die von Ihnen verwendete Schriftart auf einem Rechner, der Ihre Webseite besucht, nicht installiert ist. In einem solchen Fall war Ihre Mühe umsonst.

Außerdem sollten Sie alle Links überprüfen, damit keiner ins Leere läuft. Spielen Sie alle Möglichkeiten einmal durch, so, wie es auch die Besucher Ihrer Webseite tun würden – selbst die Links zu Webseiten auf anderen Servern können Sie auf Ihrem eigenen Rechner vorab testen.

```
    </tr>
    <tr>
      <td width="40%" bgcolor="#C0C0C0"><font face="Arial"><strong>Ihr
      Eintrag ins Gästebuch</strong></font></td>
      <td width="50%"><textarea name="Nachricht" rows="5"
      cols="30"></textarea></td>
    </tr>
  </table></center></div><p align="center"><input type="submit"
  name="Abschicken" value="Abschicken"></p>
</form>
</body>
</html>
```

8 Diesen Befehl kann Netscape nicht verarbeiten

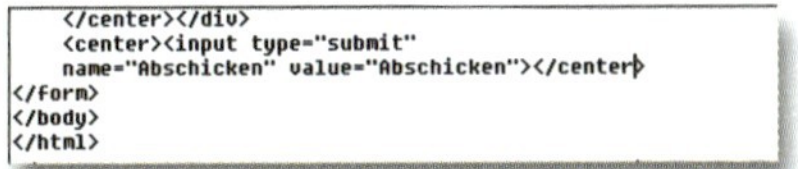

Kontaktaufnahme

Bitte füllen Sie dieses Formular aus und senden Sie es ab. Ich werde mich umgehend bei Ihnen melden.

Name
Vorname
Straße
PLZ
Ort
Telefon
E-Mail

Ihr Eintrag ins Gästebuch

Abschicken

3 Seite im Internet Explorer

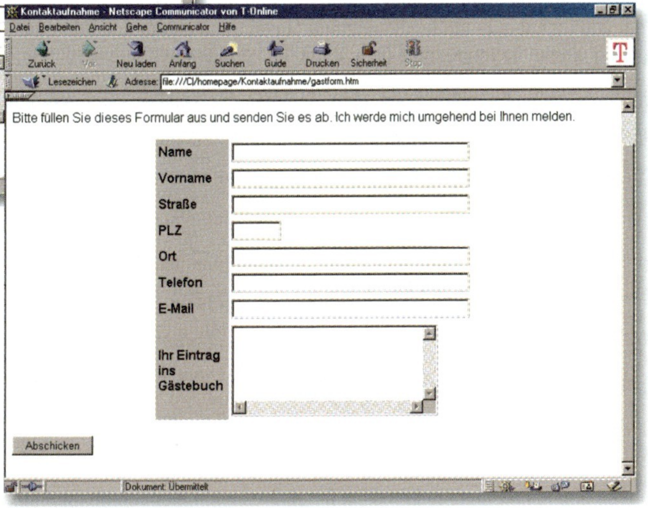

```
  </center></div>
  <center><input type="submit"
  name="Abschicken" value="Abschicken"></center>
</form>
</body>
</html>
```

9 Im Windows-Editor HTML-Code ersetzen

Kontaktaufnahme - Netscape Communicator von T-Online

Bitte füllen Sie dieses Formular aus und senden Sie es ab. Ich werde mich umgehend bei Ihnen melden.

Name
Vorname
Straße
PLZ
Ort
Telefon
E-Mail

Ihr Eintrag ins Gästebuch

Abschicken

6 Seite im Netscape Navigator

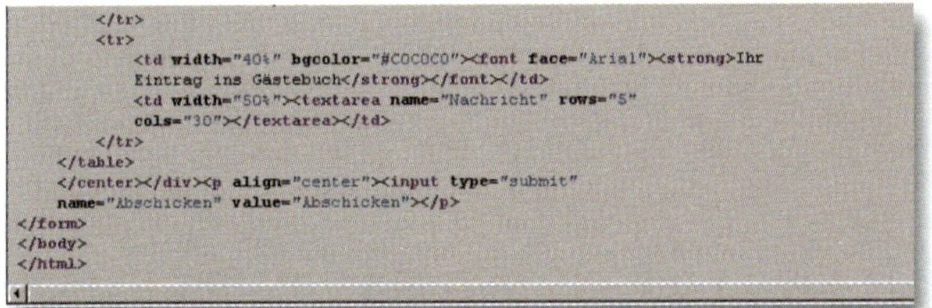

Professionelle Webseiten-Entwickler testen die fertigen Dokumente immer mindestens mit den jeweils aktuellen Browser-Versionen von Microsoft und Netscape. Oft wird aber auch die Darstellung von älteren Versionen oder alternativen Browsern wie Lynx überprüft, um sicherzustellen, dass jeder Besucher die Seite genau so sieht, wie es gewünscht ist.

1 Starten Sie den Internet Explorer und klicken Sie im Menü *Datei* auf den Befehl *Öffnen*.

! Sollte der Internet Explorer versuchen, eine Internet-Verbindung zu erstellen, stoppen Sie diesen Vorgang und schalten um auf *Offlinebetrieb*.

2 Klicken Sie auf die Schaltfläche *Durchsuchen* und öffnen Sie anschließend die Webseite, die Sie testen möchten.

3 Überprüfen Sie, ob alles so aussieht, wie Sie es geplant haben. Andernfalls müssten Sie noch einmal in den Editor zurückkehren und die notwendigen Änderungen vornehmen.

4 Starten Sie nun auch den Netscape Navigator und klicken Sie im Menü *Datei* auf den Befehl *Seite öffnen*.

5 Klicken Sie auf die Schaltfläche *Datei wählen* und öffnen Sie anschließend erneut die Webseite, die Sie testen möchten.

6 Prüfen Sie auch hier wieder, ob das Dokument so aussieht, wie Sie es angelegt haben. Auf den ersten Blick sehen Sie, dass bei Netscape die zentriert angelegte *Abschicken*-Schaltfläche nach links eingerückt ist.

! Solche Überraschungen werden Sie öfter erleben, wenn Sie Webseiten mit FrontPage Express oder mit dem Vollprogramm FrontPage erstellen, denn diese verwenden den Funktionsumfang des Internet Explorer als Standard. Der Netscape Navigator hat damit manchmal seine Schwierigkeiten, wohl auch, weil die FrontPage-Editoren sich nicht immer exakt an die korrekte HTML-Syntax halten.

7 Wenn Sie sich etwas mit HTML vertraut gemacht haben, können Sie sich nun in Netscape den Quellcode anschauen und versuchen, den Fehler zu finden. Klicken Sie dafür im Menü *Ansicht* auf *Seitenquelltext*.

8 In diesem Fall handelt es sich um den Befehl <p align="Center">, den Netscape nicht verarbeiten kann.

9 In einem HTML-Editor musste dieser Befehl durch das Tag <Center>...</Center> ersetzt werden.

! Versuchen Sie nicht, solche Änderungen in der HTML-Ansicht des FrontPage Explorers vorzunehmen, denn er wird immer wieder die Zeile mit dem alten Befehl überschreiben.

VERÖFFENTLICHUNG

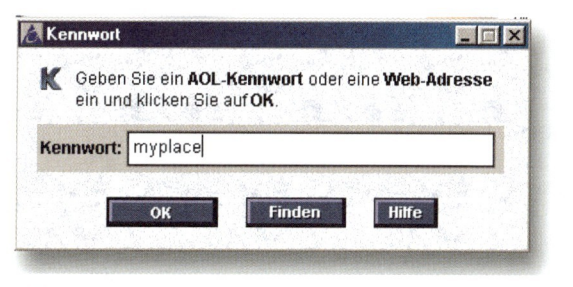

1 Im Kennwortfenster
myplace eingeben

3 Neuen Ordner anlegen
mit *Verzeichnis erstellen*

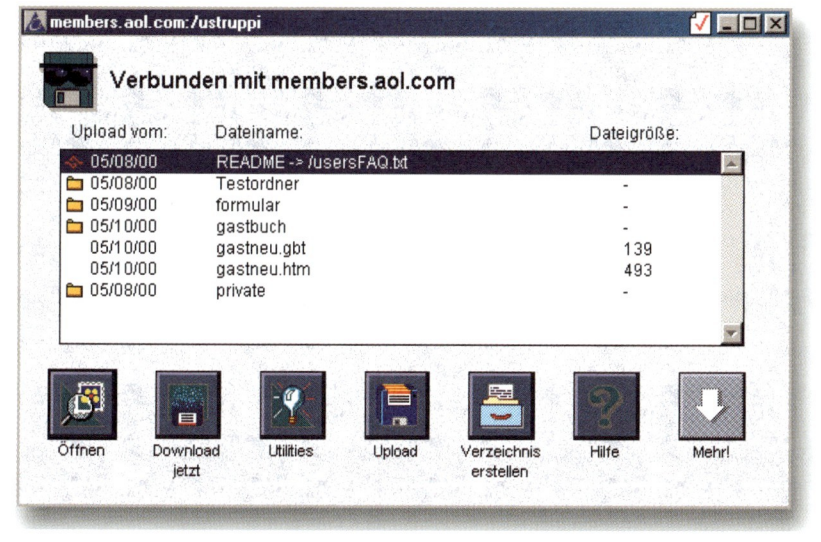

AOL bietet seinen Mitgliedern mit dem Bereich *My Place* eine Möglichkeit, Webseiten direkt innerhalb des Online-Dienstes hochzuladen. Im Kapitel »Dialogelemente« sind wir darauf schon einmal kurz eingegangen. Allerdings ist diese Funktion ziemlich umständlich, weswegen fortgeschrittene Anwender ihre Seiten mit einem externen FTP-Programm »uploaden«. Wie dies funktioniert, zeigen wir Ihnen weiter unten in diesem Kapitel.

1 Starten Sie AOL und wählen Sie sich in den Online-Dienst ein. Öffnen Sie mit der Tastenkombination [Strg]+[K] das *Kennwort*-Fenster, geben Sie das Kennwort *myplace* ein und klicken Sie anschließend auf *OK*.

2 Klicken Sie zuerst auf den Hyperlink *My Place* und anschließend auf *Direkt zu My Place*.

3 Um eine bessere Übersicht über Ihre Dateien zu gewinnen, können Sie beliebig viele neue Ordner anlegen. Klicken Sie dafür auf die Schaltfläche *Verzeichnis erstellen*. Beachten Sie, dass die Verzeichnisstruktur mit den in Ihren Webseiten vorhandenen Links übereinstimmt.

4 Geben Sie den gewünschten Verzeichnisnamen ein und klicken Sie auf *Weiter*.

5 Das neue Verzeichnis wird angelegt. Schließen Sie das Eingabefenster und doppelklicken Sie auf den neuen Verzeichniseintrag.

6 Zum Hochladen einer Datei öffnen Sie entweder einen angelegten Ordner oder Sie verbleiben im Hauptverzeichnis. Klicken Sie auf die Schaltfläche *Upload*.

7 Geben Sie den Dateinamen ein, unter dem die Datei in Ihrem Webspace zu finden sein soll, und klicken Sie auf *Weiter*.

! Die Homepage selbst muss den Namen *index.htm* tragen. Dadurch wird sie direkt geöffnet, wenn jemand Ihre Web-Adresse aufruft. Alle anderen Webseiten können Sie beliebig benennen; sie müssen aber mit den Bezeichnungen in den Hyperlinks Ihrer Dokumente übereinstimmen.

8 Klicken Sie auf die Schaltfläche *Datei wählen*.

9 Suchen Sie die gewünschte Datei auf Ihrer Festplatte und klicken Sie anschließend auf *Abschicken*.

10 Die Datei wird hochgeladen und nach erfolgreichem Abschluss erhalten Sie eine entsprechende Meldung. Klicken Sie auf *OK*.

11 Die Datei wird im entsprechenden Ordner angezeigt und steht ab sofort im WWW zur Verfügung. Wiederholen Sie diesen Vorgang mit allen anderen Dateien, die Sie hochladen möchten.

VERÖFFENTLICHUNG

2 Die Utilities zum Löschen und Umbenennen

3 Datei öffnen

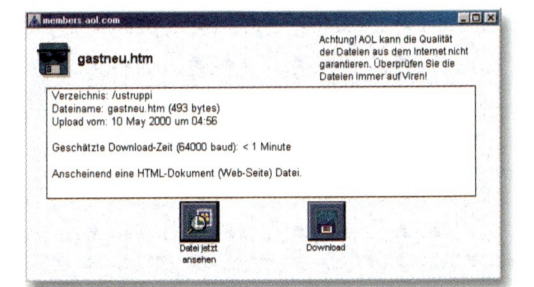

4 Kurze Beschreibung der Datei

5 HTML-Code der Webseite

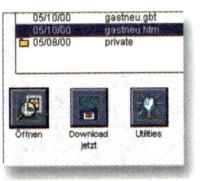

6 Datei auf den eigenen PC herunterladen

7 Ordner angeben und speichern

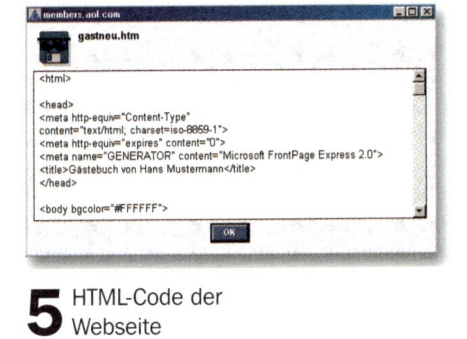

Nachdem Sie die Webseiten hochgeladen haben, können Sie diese bei Bedarf auch wieder vom Webspace löschen, umbenennen oder wieder auf Ihre Festplatte kopieren.

1 Wenn Sie später einmal eine hochgeladene Datei wieder löschen oder umbenennen möchten, klicken Sie auf die Schaltfläche *Utilities*.

2 Mit den Schaltflächen *Löschen* oder *Umbenennen* können Sie die entsprechenden Aktionen ausführen. Mit einem Klick auf das Kreuzchen schließen Sie das Fenster wieder.

3 Wenn Sie nicht mehr wissen, welchen Inhalt eine Datei hat, klicken Sie auf die Schaltfläche *Öffnen*.

4 Sie erhalten eine kurze Beschreibung der Datei. Wenn Sie sich auch den Inhalt anschauen möchten, klicken Sie auf *Datei jetzt ansehen*.

5 Bei einer Webseite sehen Sie den HTML-Code, bei einer Grafik das Bild. Mit einem Klick auf *OK* schließen Sie das Fenster wieder.

6 Manchmal ist es notwendig, eine Datei wieder aus dem Webspace auf den eigenen PC herunterzuladen, z. B., wenn Sie keine Kopie mehr davon haben. Markieren Sie in diesem Fall die Datei und klicken Sie auf *Download jetzt*.

7 Wählen Sie einen Ordner auf Ihrer Festplatte, in den Sie die Datei speichern möchten, und klicken Sie auf *Speichern*. Die Datei wird anschließend übertragen.

! Wenn Sie Ihre Webseiten hochgeladen haben, können Sie mit einem Web-Browser überprüfen, ob alles funktioniert. Geben Sie dafür die Web-Adresse http://members.aol.com/ihrname ein. Voraussetzung dafür ist allerdings, dass Sie die Homepage *index.htm* genannt haben.

VERÖFFENTLICHUNG

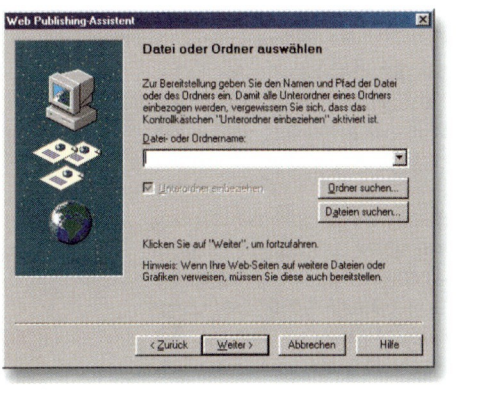

3 Dateien oder Ordner suchen

6 Namen für Web-Server vergeben

7 Adresse des Internet-Servers und lokales Verzeichnis eintragen

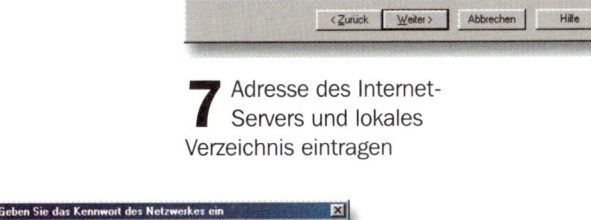

5 Dateiname eintragen

8 Benutzernamen und Kennwort angeben

Auch Windows 98 unterstützt Sie beim Hochladen von Webseiten auf Ihren Webspace. Im Lieferumfang des Internet Explorer ist ein Web Publishing-Assistent (je nach Version auch *Web Publishing Wizard* genannt) enthalten.

1 Klicken Sie nacheinander auf die Menübefehle *Start > Programme > Internet Explorer > Web Publishing Wizard*.

2 Der *Web Publishing-Assistent* öffnet sich. Klicken Sie auf *Weiter*.

3 Klicken Sie auf *Ordner suchen*, wenn Sie den Inhalt eines ganzen Ordners übertragen möchten, oder auf *Dateien suchen*, wenn es sich um eine einzelne Datei handelt.

4 Suchen Sie die gewünschte Datei oder den Ordner, die/den Sie übertragen möchten, markieren Sie sie/ihn und klicken Sie auf *Öffnen*.

5 Der Dateiname wird in das Eingabefeld eingefügt. Klicken Sie auf *Weiter*.

6 Vergeben Sie einen beliebigen Namen für den Web-Server und klicken Sie anschließend auf *Weiter*.

7 Geben Sie im Eingabefeld *URL oder Internetadresse* die Adresse des Internet-Servers und das Verzeichnis an, wohin die Datei übertragen werden soll. Unter *Lokales Verzeichnis* tragen Sie den Ordner ein, in dem die Dateien auf Ihrem Computer gespeichert sind. Klicken Sie auf *Weiter*.

8 Windows 98 stellt eine Internet-Verbindung zu dem ausgewählten Webserver her. Geben Sie Ihren

Benutzernamen und Ihr *Kennwort* ein, mit dem Sie sich authentifizieren müssen. Klicken Sie auf *OK*.

! Den Benutzernamen und das Kennwort erhalten Sie von Ihrem Internet-Provider.

9 Der Web Publishing-Wizard teilt Ihnen mit, dass er nun die ausgewählten Seiten auf Ihren Webspace überträgt. Klicken Sie auf *Fertig stellen*.

10 Wenn die Übertragung erfolgreich war, erhalten Sie eine entsprechende Mitteilung. Mit *OK* beenden Sie den Vorgang.

VERÖFFENTLICHUNG

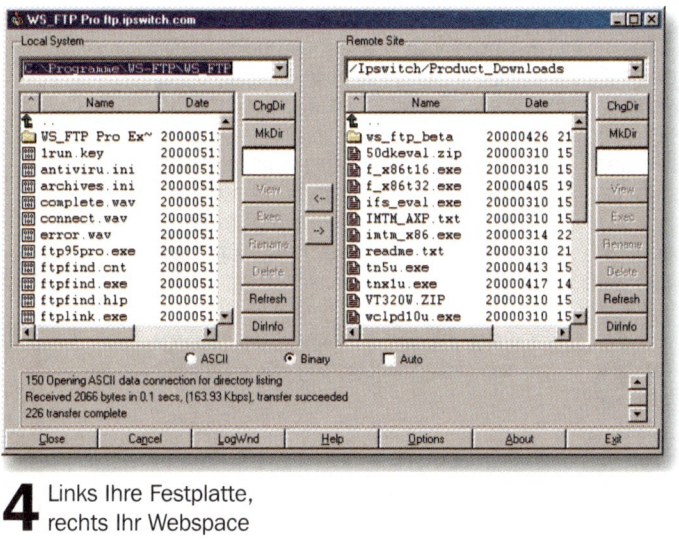

4 Links Ihre Festplatte, rechts Ihr Webspace

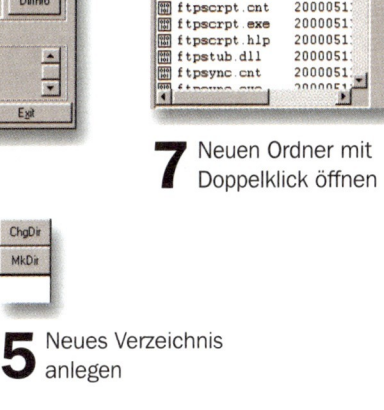

7 Neuen Ordner mit Doppelklick öffnen

5 Neues Verzeichnis anlegen

8 Dateien markieren und Pfeil nach rechts drücken

Wir haben Ihnen bereits das File Transfer Protocol (FTP) vorgestellt. Profis verwenden FTP-Clients, um Webseiten auf den Webserver zu laden. Der bekannteste FTP-Client ist WS-FTP. Mit ihm können Sie Ihre Homepage bei jedem Internet-Provider übertragen. WS-FTP erhalten Sie über die Web-Adresse http://www.ipswitch.com.

1 Starten Sie WS-FTP und klicken Sie auf die Schaltfläche *New*.

2 Geben Sie unter *Profile Name* eine Bezeichnung ein und unter *Host Host Name/Address* die Adresse des Webservers mit Ihrem Webspace. Lassen Sie *Host Type* bei *Automatic detect* und fügen Sie unter *User ID* und *Password* den Benutzernamen und das Kennwort ein, das Sie von Ihrem Provider erhalten haben.

! Die Einstellungen für AOL und T-Online finden Sie in der folgenden Tabelle. Bei beiden Online-Diensten müssen Sie vorher über die jeweilige Zugangs-Software eine Verbindung hergestellt haben.

3 Falls Sie noch nicht mit dem Internet oder einem Online-Dienst verbunden sind, wird das DFÜ-Netzwerk aufgerufen.

4 WS-FTP wird geöffnet und ein Kontakt zum Server hergestellt. Nun wird rechts die Verzeichnisstruktur des Webservers bzw. Ihres Webspaces dargestellt. Auf der linken Seite haben Sie Zugriff auf die Ordner und Laufwerke Ihrer Festplatte.

! Mit WS-FTP haben Sie Zugriff auf zwei Computer: Ihren PC und den Webserver. Über den Pfeil gelangen Sie eine Ordnerebene nach oben und mit den Buchstaben am Ende der Liste wechseln Sie das Laufwerk.

5 Um ein Verzeichnis anzulegen, klicken Sie auf *MkDir* (Abkürzung für *Make Directory*).

6 Geben Sie einen Namen für das neue Verzeichnis ein und klicken Sie auf *OK*.

7 Der neue Ordner erscheint, mit einem Doppelklick auf den Eintrag wird er geöffnet.

8 Markieren Sie links die Dateien, die Sie hochladen möchten, und klicken Sie auf den Pfeil nach rechts.

9 Die Dateien werden übertragen und erscheinen nun auch auf der rechten Seite auf Ihrem Webspace. Mit einem Klick auf *Close* schließen Sie die Verbindung zum Webserver.

! Mit den Schaltflächen *Rename* und *Delete* lassen sich einzelne Dateien umbenennen oder löschen.

Einstellung	AOL	T-Online
Host Name/Address	Members.aol.com	home-up.t-online.de
Host Type	Automatic detect	Automatic detect
User ID	Ihr AOL-Name	anonymous
Password	*Ihraolname*@aol.com	Ihre E-Mail-Adresse

WERBUNG

SEITENTITEL UND ÜBERSCHRIFT

META-TAGS

AUFBAU UND INHALT

BEI SUCHMASCHINEN ANMELDEN

AUTOMATISCHE ANMELDUNG

GEGENSEITIGE WERBEUNTERSTÜTZUNG

BANNER-, LINKROTATION, WEB-RINGE

GEWINNSPIELE, NEWSLETTER, MAILING-LISTEN

Der beste Beweggrund, Ihre Homepage zu besuchen, sollte natürlich der gebotene Inhalt sein. Aber selbst die besten Webseiten müssen erst einmal gefunden werden. Sehr gute Chancen haben Sie, wenn Ihre Web-Adresse bei der Recherche in Suchmaschinen eine möglichst hohe Position in der Trefferliste hat. Bei eher allgemeinen Themen kann eine Suchmaschine mehrere hundert Treffer anzeigen. Alle Einträge nach der vierten oder fünften Listenseite haben schon verloren, weil niemand alle Seiten durchforstet. Wir zeigen Ihnen nachfolgend, wie Sie Ihre Webseite so vorbereiten, dass die automatischen Robots und Spider der Suchmaschinen Ihre Homepage möglichst weit oben platzieren.

Jeder Werber weiß, dass man mit Gewinnspielen oder kostenlosen Giveaways Aufmerksamkeit erzeugt. Auch bei Homepages sind Gewinnspiele eine gute Möglichkeit, Besucher auf Ihre Homepage zu locken. Aber auch andere Anreize wie Newsletter oder aktuelle Infos sorgen für eine starke Frequenz Ihrer Webseiten.

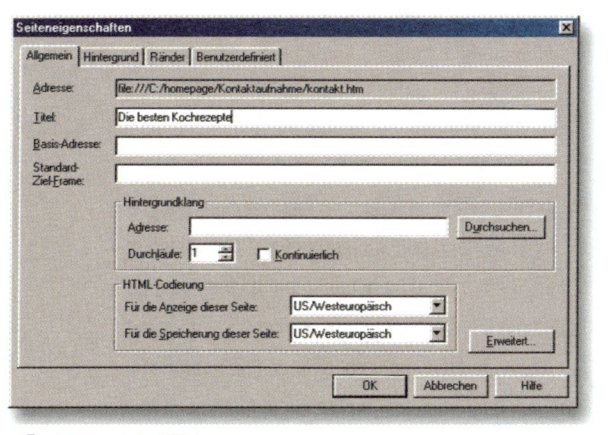

1 Aussagekräftigen
Titel eingeben

2 Der Name erscheint in der
Titelzeile und bei den Favoriten

3 Aussagekräftige
Überschrift eingeben

Der Titel Ihrer Homepage sollte möglichst aussagekräftig sein. Also nicht *Peters Homepage*, sondern ein Hinweis auf das Thema, wie z.B. *Die besten Kochrezepte*. Der Seitentitel wird in Suchmaschinen häufig als Eintrag in der Trefferliste verwendet sowie als Bookmark-Bezeichnung, wenn jemand Ihre Web-Adresse als Favorit speichert.

Viele Suchmaschinen-Agenten speichern einfach den Inhalt der Homepage ab und geben die ersten Zeilen im Ergebniseintrag wieder. Außerdem dienen die dort gefundenen Begriffe häufig als Schlüsselwörter. Deshalb sollte Ihre Homepage auch eine aussagekräftige Überschrift besitzen.

Gleiches gilt im Übrigen auch für Frames, wenn Sie mit Framesets arbeiten. Hier steht neben der Orientierung für den Besucher auch Ihre eigene Orientierung beim Anlegen der Frames im Vordergrund, denn gerade bei verschachtelten Frames mit einer komplexen Struktur ist eine klare und deutliche Definition der einzelnen Frames sinnvoll.

1 Öffnen Sie in FrontPage Express Ihre Homepage und klicken Sie mit der rechten Maustaste in das Dokument. Klicken Sie im Kontextmenü auf den Befehl *Seiteneigenschaften* und geben Sie im Feld *Titel* einen aussagekräftigen Titel ein. Schließen Sie das Fenster mit *OK*.

2 Im Browser erscheint der Text sowohl in der Titelzeile als auch beim Abspeichern als *Lesezeichen* bzw. *Favorit*.

3 Geben Sie Ihrer Homepage eine aussagekräftige Überschrift und formatieren Sie sie mit dem Absatzformat *Überschrift 1*.

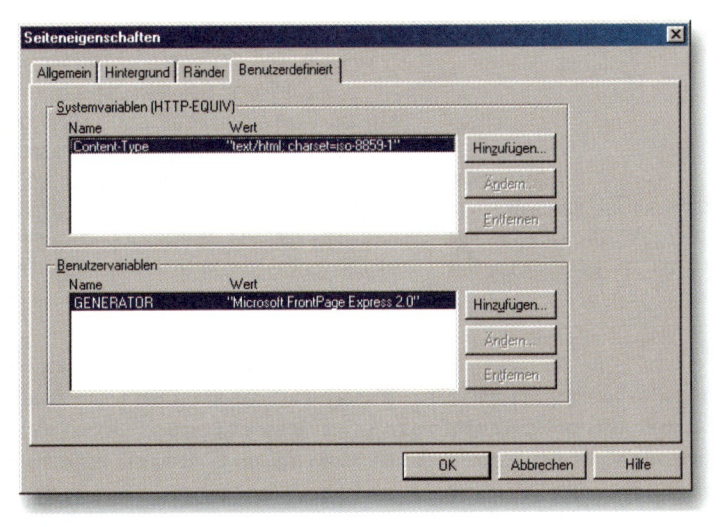

1 Benutzervariablen hinzufügen

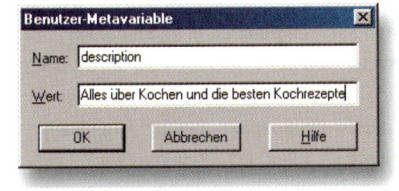

2 Name und Wert eingeben

3 Name und Wert hinzufügen

Wer jemals in Suchmaschinen wie Lycos oder Yahoo nach Begriffen gesucht hat, wird mit Sicherheit überrascht davon gewesen sein, wie schnell hunderte oder gar tausende von Dokumenten (je nach Eindeutigkeit und Genauigkeit des Suchbegriffs) gefunden werden. Grundlage dafür sind so genannte Robots oder Spider, die nichts anderes tun, als jeden Tag (und jede Nacht) alle möglichen Webseiten (darunter auch Ihre!) zu durchforsten. Machen Sie den Robots und Spidern dieser Welt die Arbeit etwas einfacher! Sie erreichen dies dadurch, indem Sie in Ihrem Web-Dokument offensichtlich versteckte HTML-Befehle, so genannte Meta-Tags, einfügen, mit denen Schlüsselwörter und Seitenbeschreibungen vorgegeben werden können. Diese Meta-Tags dürfen auf keiner Homepage fehlen, wenn Sie Wert darauf legen, in Suchmaschinen gefunden zu werden. Wie Sie Meta-Tags in Ihre Webseite integrieren, ohne diese direkt in HTML zu programmieren, erfahren Sie im Folgenden.

1 Klicken Sie in FrontPage Express mit der rechten Maustaste in das Dokument und wählen Sie im Kontextmenü den Befehl *Seiteneigenschaften*. Klicken Sie im Bereich *Benutzervariablen* auf die Schaltfläche *Hinzufügen*.

2 Geben Sie in das Feld *Name* das Wort »keywords« ein und in das Feld *Wert* die *Stichwörter,* getrennt durch Kommata, unter denen Sie in den Suchmaschinen gefunden werden wollen. Schließen Sie das Fenster mit *OK*.

3 Klicken Sie erneut auf *Hinzufügen* und geben Sie in das Feld *Name* das Wort »description« ein und in das Feld *Wert* eine kurze Beschreibung Ihrer Webseite. Schließen Sie beide Fenster mit *OK*.

WERBUNG

1 Übersichtliche
Homepage

Sittich Power - Wellensittiche erobern das Internet - Netscape Communicator von T-Online

Datei Bearbeiten Ansicht Gehe Communicator Hilfe

Zurück Vor Neu laden Anfang Suchen Guide Drucken Sicherheit Stop

Lesezeichen Adresse: http://www.sittiche.de/

Sittich Power
ALLES ÜBER DEN WELLENSITTICH

Startseite

Praxis Ratgeber
Rat & Tat / FAQ
Wissenswertes
Sittich-Forum
Sittich-Galerie
Sittich-Literatur
Sonstiges
Links & Rings
Postkarten
Welli-Mail
Suche
Gästebuch

eMail
Bookmark
Home
Link senden
Impress.
Sitemap

Home

Alles über den Wellensittich

Wer sie einmal hat, will sie nie wieder hergeben: Unsere gefiederten Akrobaten und Lieblinge, die Wellensittiche. Lass dich durch die wenigen Links im linken Fenster nicht abschrecken, die meisten Rubriken sind wiederum in Unterrubriken aufgeteilt und bieten eine Fülle von weiterführenden Links und Informationen.
Im Praxis-Ratgeber erfahrt ihr einiges über Pflege, Haltung, Nahrung u. Tips im täglichen Umgang mit dem Sittich. Diese Rubrik ist wiederum in mehrere Unterrubriken unterteilt.
Unter Sittich-Fotos befindet sich eine Wellensittich-Galerie mit Fotos von meinen persönlichen Freunden Micky und Chico, aber auch von anderen Wellensittich-Freunden.
Das Wellensittich-Forum steht euch für Fragen, Tips und Tricks offen. Denn es gibt nichts Schöneres, als mit anderen Wellensittich-Freunden in Kontakt zu treten. Dort kann man

Gewinnspiele   Wohn

Dokument: Übermittelt

Was nützt es, wenn jemand zwar Ihre Homepage über eine Suchmaschine findet, sie aber schnell wieder verlässt, weil er das Gesuchte nicht gefunden hat oder durch lange Ladezeiten von Grafiken aufgehalten wird.

Es gibt einige wenige, aber ganz klare Direktiven, an die Sie sich beim Anlegen Ihrer Webseite halten sollten. Als Test sollten Sie einfach einmal ein halbe Stunde durch das World Wide Web surfen, und sich jede Menge Webseiten aus den unterschiedlichsten Gebieten ansehen. Sie werden dann schnell merken, wovon Sie selbst gelangweilt werden, welche Seiten Sie aufregend finden, welche Gestaltung Sie anspricht oder auch wovon Sie eher abgeschreckt werden.

Scheuen Sie sich nicht, Seiten »nachzubauen«. Wenn Ihnen das Layout einer bestimmten Webseite gefällt, merken Sie sich die Anordnung der einzelnen Elemente und Objekte oder speichern Sie die Website auf Ihrem PC, um Sie offline genauer unter die Lupe zu nehmen.

Generell sollten Sie den Grundsatz beherzigen, dass weniger oft mehr ist, und dass die Aufmachung Ihrer Seite zu dem beschriebenen Themengebiet passen sollte. Für wissenschaftliche Veröffentlichung ist eine textorientierte Darstellung z. B. angebrachter (wenn auch oft langweiliger) als eine verspielte, mit technischen Spielereien voll gepackte Seite.

1 Der Besucher sollte auf Ihrer Homepage direkt eine Übersicht und Links zu allen vorhandenen Angeboten finden. Jeder Klick zu viel schreckt ab. Natürlich muss Ihre Homepage auch inhaltlich das halten, was Sie versprechen.

2 Überfrachten Sie Ihre Homepage nicht mit Grafiken, Frames usw., die die Ladezeiten erhöhen und die Besucher eher verwirren.

3 Nichts ist tödlicher als Links, die ins Nichts führen! Testen Sie Ihre Seite deshalb ausgiebig vor der Ver-

öffentlichung. Webseiten bedürfen regelmäßiger Pflege.

4 Wenn Sie auf Ihrer Seite Links verwenden, testen Sie in regelmäßigen Abständen, ob die verlinkten Seiten überhaupt noch existieren.

WERBUNG

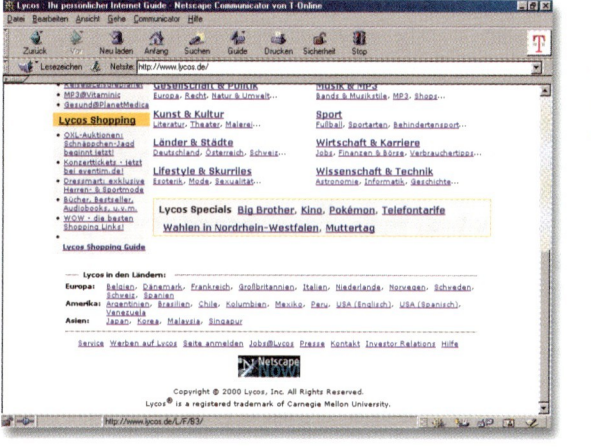

We successfully spidered your page.

3 Sie waren erfolgreich

4 Bei yahoo eine Webseite vorschlagen

5 Formular ausfüllen

1 Bei Lycos eine Seite anmelden

2 *URL* und *email-Adresse* eingeben

Seite anmelden

Damit Ihre Internetseiten in unserem Lycos Katalog gefunden werden können, müssen die Seiten bei uns angemeldet werden.

Beachten Sie bitte zunächst unsere **Hinweise zur Anmeldung**, bevor Sie Ihre Seiten anmelden. Viele Fragen bezüglich einer optimalen Platzierung in unserem Katalog werden dort ausführlich beantwortet.

Eintrag in 1500 Suchmaschinen
jetzt starten

Aber wir haben neue Mitspieler!

Server anmelden:

URL der Homepage: http://www.muster.de

Ihre email-Adresse: hans@muster.de
(erforderlich)

URL anmelden   Eingabe löschen

Informationen zur Site:

Titel:

Die besten Kochrezepte

- Der Titel soll kurz sein.
- Bei kommerziellen Sites nennen Sie bitte den offiziellen Namen des Unternehmens.
- Verwenden Sie bitte NICHT NUR GROSSBUCHSTABEN.
- Bitte formulieren Sie keine Werbesprüche oder Superlative (z.B. "Die beste Seite im Internet" oder "Wir sind die absolute Nummer eins")

URL:

http://www.muster.de

- Nicht sicher, was das ist? - Es ist die Adresse Ihrer Site, die mit "http://" beginnt.
- Geben Sie bitte die komplette URL an, und vergewissern Sie sich nochmal, ob Sie richtig ist.

Beschreibung:

Eine Sammlung der besten Kochrezepte aus aller Welt

Suchmaschinen suchen sich die Informationen zwar auch selbst zusammen (z. B. mit den erwähnten Spider oder Robots); wenn Sie aber sicher sein wollen, dass Sie in einer Suchmaschine vertreten sind, sollten Sie sich dort selbst anmelden. Jede Suchmaschine kann Anmeldungen von Webseiten vornehmen.
Bei den wichtigsten deutschen Suchmaschinen (Lycos, Yahoo, Web.de, Fireball, Excite usw.) sollten Sie sich manuell anmelden, weil Sie dann sicher sein können, dass Sie aufgenommen wurden bzw. die richtige Kategorie ausgewählt ist. Bei jeder Suchmaschine finden Sie irgendwo eine Möglichkeit, eigene Webseiten anzumelden.
Als Beispiel zeigen wir nachfolgend die Anmeldung bei Lycos und Yahoo.

1 Starten Sie Ihren Web-Browser und rufen Sie die Web-Adresse www.lycos.de auf. Klicken Sie am Ende der Seite auf den Link *Seite anmelden*.

2 Geben Sie die *URL der Homepage* und *Ihre email-Adresse* ein und klicken Sie auf *URL anmelden*.

3 Sie erhalten eine englischsprachige Mitteilung, dass Ihre Web-Adresse aufgenommen wurde.

! Bei Lycos können Sie keine weiteren Angaben machen. Ein Spider, also ein automatisches Programm, wird in den nächsten Tagen Ihre Webseite aufsuchen und die notwendigen Informationen sammeln.

4 Rufen Sie die Web-Adresse www.yahoo.de auf und wählen Sie eine Kategorie im Suchkatalog, die Ihrem Thema entspricht. Klicken Sie auf den Link *So schlagen Sie Ihre Web-Site vor*.

5 Sie werden nun durch mehrere Schritte geführt, bei denen Sie Angaben zu Ihrer Homepage machen müssen. Am Ende steht dann das Absenden des Formulars.

! Yahoo ist ein ausschließlich von Redakteuren gepflegter Suchkatalog, die selbst entscheiden, ob eine Webseite aufgenommen wird. Sie können davon ausgehen, dass in den nächsten Tagen ein Yahoo-Mitarbeiter Ihre Seite aufsucht und dann entscheidet, ob und wie Ihre Homepage aufgenommen wird.

WERBUNG

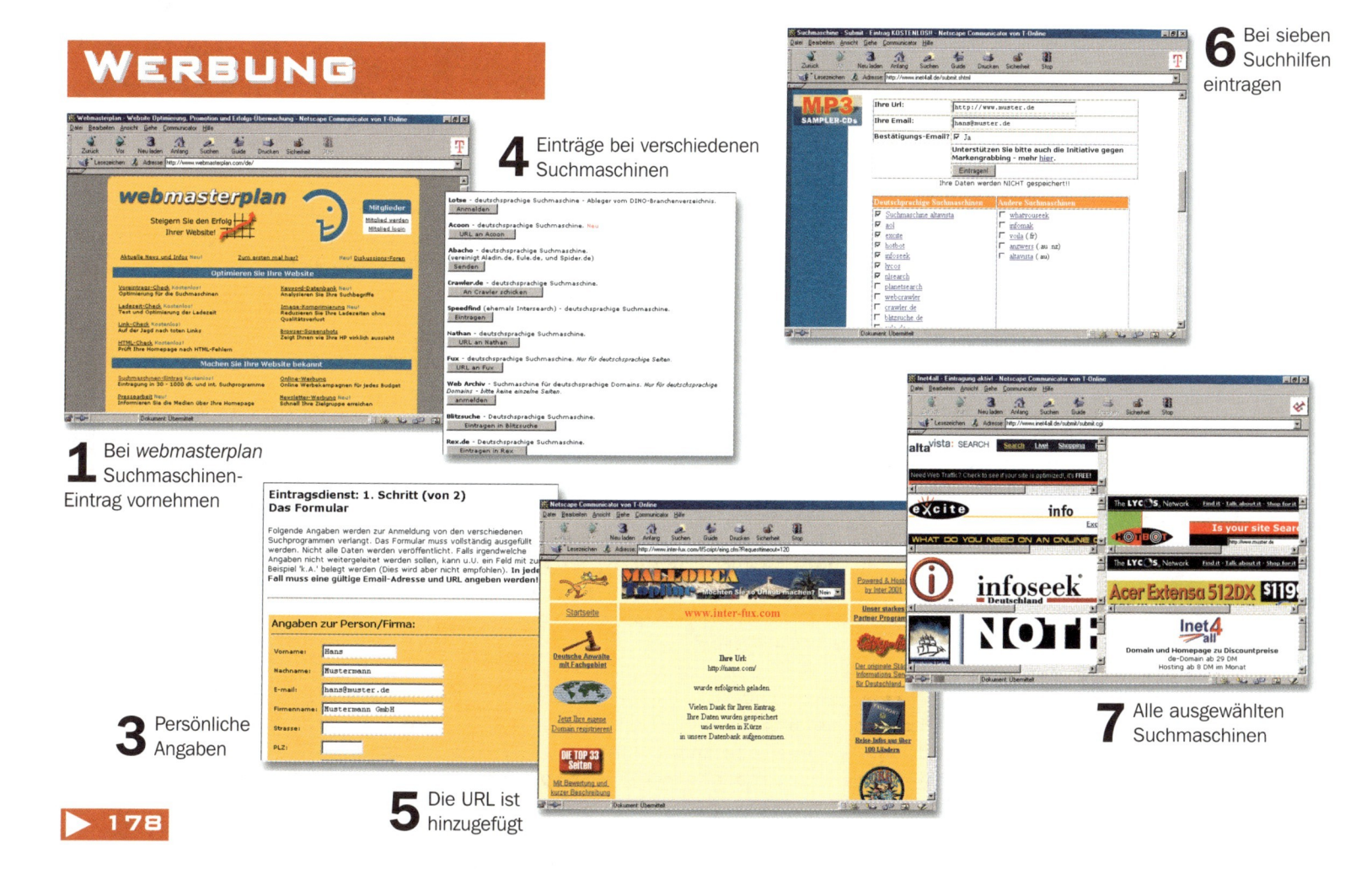

4 Einträge bei verschiedenen Suchmaschinen

6 Bei sieben Suchhilfen eintragen

1 Bei *webmasterplan* Suchmaschinen-Eintrag vornehmen

3 Persönliche Angaben

5 Die URL ist hinzugefügt

7 Alle ausgewählten Suchmaschinen

Nachdem Sie sich bei den wichtigsten deutschen Suchmaschinen manuell angemeldet haben, können Sie nun noch eine automatische Anmeldung durchführen, die Sie auch bei kleineren und Ihnen eventuell nicht bekannten Suchhilfen anmeldet. Als Beispiele zeigen wir Ihnen nachfolgend die automatische Anmeldung beim *webmasterplan* und bei *inet4all*.

1 Rufen Sie die Webseite http://www.webmasterplan.com/de/ auf und klicken Sie auf *Suchmaschinen-Eintrag*.

2 Auf der nächsten Seite klicken Sie auf *Eintrag starten*.

3 Machen Sie im Eintragsformular Ihre persönlichen Angaben mit Daten bzw. Beschreibungen zu Ihrer Homepage. Klicken Sie anschließend auf *Weiter*.

4 Sie erhalten nun alle Suchhilfen aufgelistet, die vom Eintragsfritz bearbeitet werden können. Klicken Sie nun nacheinander auf die *Absenden*-Schaltflächen, um die Einträge vorzunehmen.

! Bei einigen Suchmaschinen muss vorher noch eine Auswahl der gewünschten Kategorie oder Ähnliches vorgenommen werden.

5 Der Eintrag in die ausgewählte Suchhilfe wird vorgenommen und in einem separaten Browser-Fenster erhalten Sie eine Bestätigung Ihres Eintrags. Schließen Sie das Fenster wieder und nehmen Sie den nächsten Eintrag vor.

6 Verbinden Sie sich mit der Webseite www.inet4all.de/submit.html und geben Sie die Homepage- und Ihre E-Mail-Adresse ein. Markieren Sie anschließend sieben Suchhilfen aus der Liste und klicken Sie auf *Eintragen*.

7 In einem separaten Browser-Fenster werden alle Suchmaschinen in kleinen Fenstern angezeigt und Sie können dort überprüfen, ob der Eintrag erfolgreich war. Wiederholen Sie den Vorgang mit den nächsten sieben Suchhilfen.

! *Inet4all* lohnt sich, wenn Sie die Eintragung schnell erledigen möchten. Die Auswahl der Suchhilfen ist allerdings nicht so groß wie bei *webmasterplan* und es können keine Kategorien ausgewählt werden. Die Einschränkung auf sieben Suchhilfen gleichzeitig bezieht sich auf die Darstellung im Browser-Fenster. Sie können auch alle Optionen auf einmal aktivieren.

WERBUNG

page2page: Willkommen zum kostenlosen Bannertausch ! - Netscape Communicator von T-Online

Datei Bearbeiten Ansicht Gehe Communicator Hilfe

Zurück | Vor | Neu laden | Anfang | Suchen | Guide | Drucken | Sicherheit | Stop

Lesezeichen Adresse: http://www.page2page.de/

page2page

Aktuelles
aktuelle News
Reichweite/Impressum

Mitglieder
Anmeldung
Teilnahmeregeln
Hilfe / FAQs

Topsites
aktuelle Charts

Werbung
Online-Werbung
Preisliste / Bestellung

Willkommen bei page2page !

Sie haben eine WebSite und möchten schnell und unkompliziert mehr Besucher ?! Dann melden Sie sich noch heute bei uns an - **naturlich kostenlos** !

page2page ist kostenlose Werbung für Sie und Ihre Seiten mit allem, was dazugehört - überzeugen Sie sich selbst...

Das bieten wir Ihnen neben freundlichem Service:

Unsere Features:

* MultiBanner für 2 x mehr Abwechslung
* unbegrenzte MultiCodes (Subcodes) für X mal mehr Credits
* 'banner-blocking' - Ihr ganz persönlicher Schutz
* ID-Sperre - Ihr eigenes Banner erscheint nicht auf Ihrer Homepage !
* verbesserte ReLoad-Sperre und neue ReClick-Sperre
* IP-Tracking Ihres Banners

Account-Login
User-ID:

Passwort:

Login

Passwort vergessen ?

http://www.page2page.de/html/anmeldung.htm

1 Beim Tauschring anmelden

2 Bei *Link4U* anmelden

Link4U - Der faire Bannertausch ! - Netscape Communicator von T-Online

Datei Bearbeiten Ansicht Gehe Communicator Hilfe

Zurück | Vor | Neu laden | Anfang | Suchen | Guide | Drucken | Sicherheit | Stop

Lesezeichen Adresse: http://www.link4u.de/

LINK4U
home regeln anmeldung features top 10/15 gewinnen banner werbung

impressum

LINK4U International CLICK!

powered by **highspeed** S·E·R·V·E·R

Link4U ist der **kostenlose** Bannertausch mit den **besonders fairen Bedingungen** und vielen interessanten Zusatzangeboten.

Durch kostenlose **zielgruppengesteuerte Bannerwerbung** erhöhen wir die Besucherzahlen Ihrer Homepage.

Nicht nur im deutschsprachigen Raum - **auch international**! Dabei werden Ihre Banner nicht einfach nur der Reihe nach eingeblendet, wie bei vielen anderen Anbietern! Von jedem Betrachter Ihres Banners wird die **wirkliche Nationalität**

OKAY.NET
Ihr günstiger
Internetzugang!

Mitglieder-Login
Link4U-ID: 00000

Paßwort:

Login

Autologin
Login

Die Vorteile von Link4U im Überblick:

Werbung SPIELSHOP Werbung SPIELSHOP Werbung

BMW
Autohaus
Cloppenburg

Dokument: Übermittelt

Eine clevere Idee sind die verschiedenen Formen der Werbeunterstützungen zwischen Homepage-Betreibern auf Gegenseitigkeit. Unter dem Motto »Wirbst Du für meine Homepage, werbe ich für Deine« reservieren Sie auf Ihrer Homepage einen Platz für einen Banner (eine Werbeschaltfläche in der Größe von ca. 400 x 40 Pixel) eines anderen Banner-Tausch-Mitglieds. Im Gegenzug wird Ihr Banner in einem bestimmten Verhältnis auf einer anderen Mitgliederseite gezeigt. In der Regel müssen Sie zuerst ein eigenes Banner erstellen, diesen auf einer Ihrer Webseiten platzieren und sich dann bei einem Banner-Tausch-Anbieter anmelden. Sie geben dort die Adresse Ihres Banners an und erhalten eine HTML-Zeile, die Sie in Ihre Homepage einbauen. Beim Öffnen Ihrer Homepage wird ein Banner aus dem Tauschring eingeladen und angezeigt. Im Nachfolgenden stellen wir Ihnen zwei Banner-Tausch-Anbieter vor.

1 Den populärsten Anbieter finden Sie unter www.page2page.de. Hier erkennen Sie auch gleich, wie ein solches Banner aussehen kann. Klicken Sie auf *Anmeldung*, um sich diesem Tauschring anzuschließen.

2 www.link4u.de zeichnet sich durch eine zielgruppengesteuerte Banner-Werbung aus. Dabei wird versucht, Ihr Banner bei themenverwandten Homepages zu platzieren. Klicken Sie auf *Anmeldung*, um bei Link4U dabei zu sein.

! Versuchen Sie doch, privat Text- oder Bannerlinks mit anderen Homepages auszutauschen. Das kann unter Umständen erfolgreicher sein als ein Banner-Tauschring. Ein Verzeichnis von Homepage-Besitzern, die Link-Partner suchen, finden Sie unter www.linktausch.de.

WERBUNG

1 Linkrotation

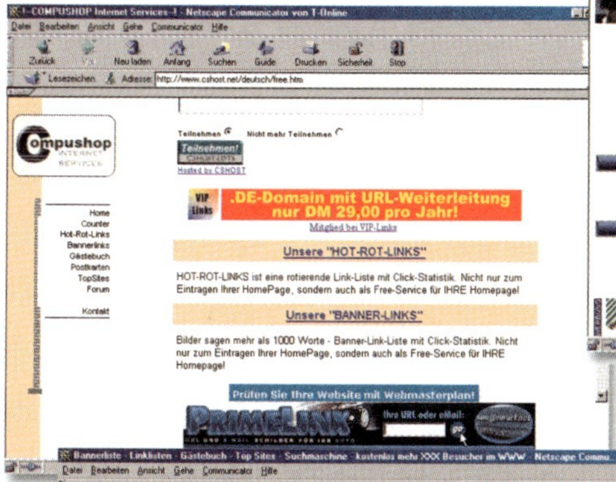

2 Bannerrotation

3 In Banner- und Link-
Listen eintragen

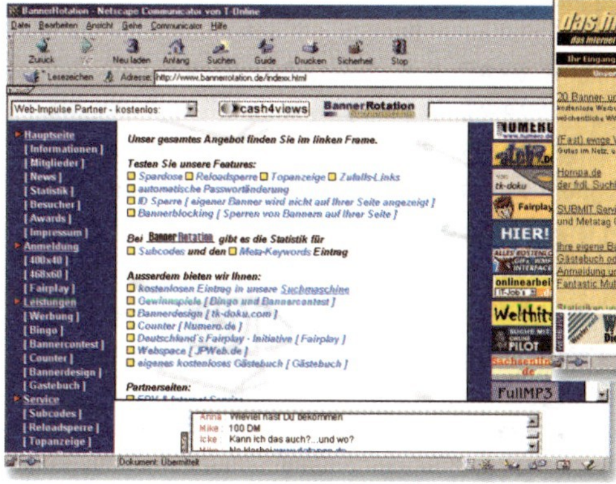

4 Einige Link- und Banner-
Listen im Angebot

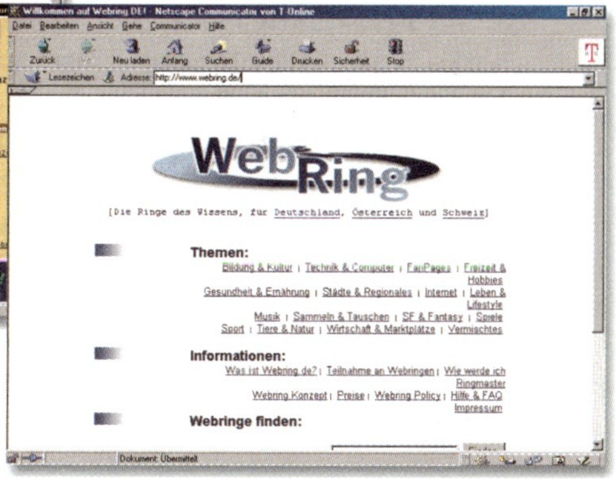

5 Linkrotation

6 Schließen Sie sich bestehenden Ringen an

Bei Banner- oder Linkrotation handelt es sich um Listen mit einer bestimmten Anzahl von Bannern oder Links. Bei jedem Klick eines Besuchers wird diese Liste aktualisiert, die Anzahl der Klicks angezeigt und die Rangfolge neu ermittelt. Sie können sich bei einer solchen Link- bzw. Banner-Liste anmelden oder selbst eine solche Liste auf Ihrer Homepage anbieten.

Bei Web-Ringen schließen sich mehrere Betreiber von Homepages mit gleichen oder ähnlichen Inhalten zusammen. Sie installieren einen Banner, der die Besucher zur nächsten Seite mit dieser Thematik oder zu einer Übersicht der Mitglieder bringt.

1 Beispiel einer Linkrotation.

2 Beispiel einer Bannerrotation.

3 Bei www.cshost.net/deutsch/free.htm können Sie sich sowohl in Link- und Banner-Listen eintragen als auch CGI-Skripte für eigene Listen auf Ihre Homepage herunterladen.

4 Das *Hit Karussel* unter *www.karussell.de/concon2.htm* bietet mehrere Link- und Banner-Listen.

5 *Bombastic.com* ist nach eigener Aussage die erfolgreichste Linkrotation.

6 Unter *www.Web-Ring.de* können Sie sich bestehenden Ringen anschließen oder ein neues Thema für einen Ring eröffnen.

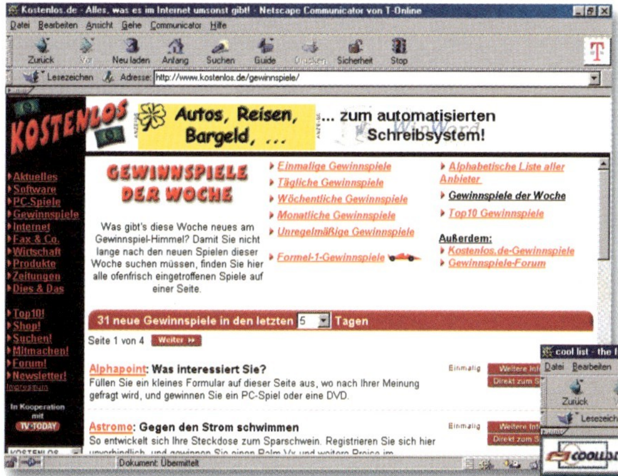

1 Kostenlos.de mit
Gewinnspiel-Bereich

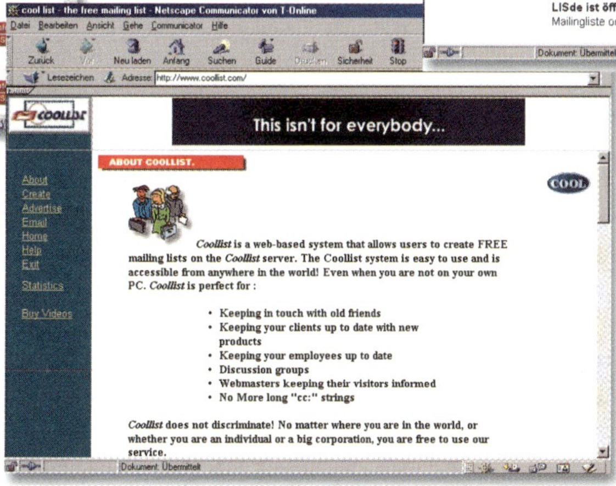

5 Kostenlose
Mailing-Listen

6 Newsletter anmelden

Bei Gewinnspielen können Sie die Preise entweder einfach verlosen oder Sie lassen die Besucher eine oder mehrere Fragen beantworten. Je höher der Wert des Preises ist, desto höher ist auch der Anreiz zum Mitspielen. Wichtig ist, dass Sie Ihre Homepage bei den entsprechenden Webseiten anmelden, damit Ihr Gewinnspiel auch beachtet wird.

Mit einem Newsletter können Sie Besucher an Ihre Homepage binden. Die Interessenten tragen sich selbst in eine Mailing-Liste ein und erhalten dann regelmäßig von Ihnen einen Newsletter als E-Mail. Dort können Sie aktuelle Informationen zu einem Thema liefern oder über Neuigkeiten auf Ihrer Homepage, Surf-Tips u. Ä. berichten.

1 www.kostenlos.de ist eine der beliebtesten deutschen Webseiten. Dort gibt es auch einen eigenen Gewinnspiel-Bereich.

2 Auch www.gewinnspiele.com richtet sich an die Online-Zocker.

3 Ein Newsletter ist ein fester Bestandteil vieler Webseiten, denn die Interessenten wollen diese Informationen wirklich haben.

4 Bei www.july.de können Sie eine Mailing-Liste und einen Newsletter einrichten. Viele Internet-Provider bieten Ihnen den gleichen Service.

5 Einen weiteren Anbieter kostenloser Mailing-Listen finden Sie unter www.coollist.com.

6 Wenn der Newsletter gestartet ist, können Sie ihn bei www.lisde.de anmelden.

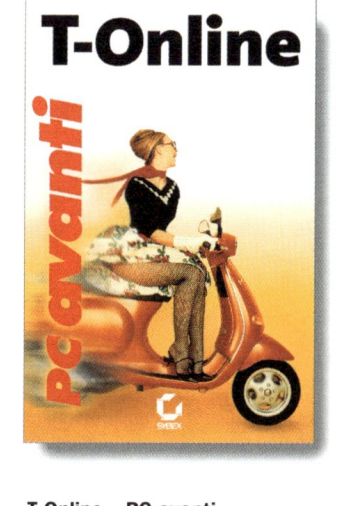

IHR ZUGANG ZU NOCH MEHR COMPUTERWISSEN

Liebe PC avanti-Leserin, lieber PC avanti-Leser!

Wir hoffen, dieses Buch hat Sie bei Ihren Schritten in die Computerwelt gut begleitet. Zusammen mit diesem Ratgeber haben Sie die Möglichkeit erworben, sich kostenlos weitere Unterstützung zu holen. Dazu haben wir für Sie auf unseren Internet-Seiten einen speziellen Servicebereich eingerichtet, in dem Sie auf alle anderen PC avanti-Bücher zugreifen können.
Gehen Sie dafür auf die Webseiten

http://www.sybex.de/avanti

Sie gelangen auf die Eingangsseite eines geschützten Bereiches. Geben Sie dort folgende Kennwörter ein:

User-ID: Avanti
Passwort: MehrAvanti

Es öffnet sich dann für Sie eine Seite, auf der Sie Kapitel weiterer PC avanti-Bücher als PDF-Datei auf Ihren Rechner herunterladen können. Um die heruntergeladene Datei öffnen und lesen zu können, brauchen Sie außerdem den Acrobat Reader von Adobe, den Sie sich auch kostenlos aus dem Internet herunterladen können, zum Beispiel von der Adobe-Homepage

www.adobe.de

Wir wünschen Ihnen weiterhin viel Erfolg bei Ihren Erkundungen in der faszinierenden Welt von Computer und Co.!

Ihr SYBEX-Team